Brennan Manning
Größer als dein Herz

Brennan Manning

Größer als dein Herz

Erleben, was Gnade heißt

Die Edition A U F:A T M E N
erscheint in Zusammenarbeit
zwischen dem R. Brockhaus Verlag Wuppertal
und dem Bundes-Verlag Witten
Herausgeber: Ulrich Eggers

Die amerikanische Originalausgabe erschien unter dem Titel
THE RAGAMUFFIN GOSPEL von Brennan Manning
bei Multnomah Publishers, Inc.
204 W. Adams Ave., PO Box 1720
Sisters, Oregon 97759 USA
© 1990 by Brennan Manning
Alle Rechte vorbehalten

Deutsch von Antje Balters

RB*taschenbuch Bd.* ***649***

1. Taschenbuchauflage 2004
4. Gesamtauflage 2004

© der deutschen Ausgabe:
R. Brockhaus Verlag Wuppertal 1998
Umschlag: Dietmar Reichert, Dormagen
Gesamtherstellung: Breklumer Druckerei Manfred Siegel KG
ISBN 3-417-24649-9
Bestell-Nr. 224 649

INHALT

Vorwort zur deutschen Ausgabe 7

Ein Wort zum Anfang 9

1. Irgendetwas ist total falsch 11
2. Herrliche Sturheit 26
3. Das Evangelium für Außenseiter 42
4. Schief sitzende Heiligenscheine 60
5. Kormorane und Küstenseeschwalben 75
6. Grazie, Signore 88
7. Unechter Schmuck und Plastikwürstchen 105
8. Freiheit von Furcht 121
9. Der zweite Ruf 137
10. Siegreiches Humpeln 151
11. Ein Hauch von Verrücktheit 167

Nachwort 178

Anmerkungen 182

*Für Rosalyn
danke!*

VORWORT zur deutschen Ausgabe

Warum wird das Buch eines amerikanischen Autors in die deutsche Sprache übersetzt? Wahrscheinlich spielt dabei immer eine Reihe von Puzzleteilen eine Rolle. Verschiedene Stimmen und Eindrücke wirken zusammen, damit es zu einer Buchveröffentlichung kommt. Wie aber sah der Weg zu Brennan Mannings »Größer als dein Herz« konkret aus?

»The Ragamuffin Gospel« – *Das Vogelscheuchen-Evangelium,* wie »Größer als dein Herz« in der amerikanischen Originalausgabe heißt –, sei »das beste Buch über Gottes Barmherzigkeit und seine bedingungslose Liebe«, das sie je gelesen habe, schrieb die Sängerin *Robbin Casey* 1995 in einem Fragebogen der Zeitschrift »dran«, die ich damals betreute. Dieses enthusiastische Votum über ein Buch mit einem exotisch klingenden Titel und Autorennamen ließ mich aufhorchen. Ein Buch über Gottes Barmherzigkeit und seine bedingungslose Liebe? Das waren Themen, die mich – knapp ein Jahr vor der Gründung des Magazins AUFATMEN – besonders interessierten. Denn das war ja mein Eindruck von unserer christlichen Landschaft, dass von Gottes Barmherzigkeit und seiner bedingungslosen Liebe zu wenig Kraftvolles und Anziehendes zu spüren war. Und das waren Begriffe, nach denen ich mich selber sehnte, die mich faszinierten. Wenn da jemand etwas gefunden hatte, das ihn persönlich begeisterte, dann würde das vielleicht auch mich interessieren . . .

Bei einer USA-Reise einige Zeit später kaufte ich mir dann dieses Buch – zum Lesen allerdings kam ich aus Zeitmangel nie. Wer Brennan Manning war und wofür er stand, wusste ich noch immer nicht. Es dauerte weitere zwei Jahre, bis dieser Autor das nächste Mal unüberhörbar an meine Tür klopfte – diesmal allerdings mit Nachdruck: Die deutsch-amerikanische Autorin *Ingrid Trobisch* war zu einem Seminar auf dem »Dünenhof« eingeladen, dem geistlichen Zentrum an der Nordsee, das unsere Lebensgemeinschaft (»Weggemeinschaft e.V.«) seit 1985 betreibt. Natürlich ergaben sich daraus auch persönliche Begegnungen mit ihr – und am Ende als

Frucht eine Seite unserer AUTATMEN-Serie »12 Fragen«. Auf die Frage nach einem Buch, das sie stark geprägt habe: »Abba's Child« von Brennan Manning! (Dieser Titel erscheint 1999 in der Edition AUFATMEN.)

Und dann ging es fast Schlag auf Schlag: In einer US-Zeitschrift entdecke ich ein faszinierendes Interview mit Brennan Manning – lauter Aussagen, die haargenau in unser Magazin AUFATMEN hineinpassen (dieses Interview wird parallel zum Buch in der Ausgabe 3/98 unseres Magazins veröffentlicht). Ja, dieser Brennan Manning hat wirklich etwas über die Liebe Gottes zu sagen. Sein schwerer Lebensweg – Priester, Alkoholiker, Ausstieg aus dem Orden, Heirat, Seelsorger unter Benachteiligten und Armen, gefragter Referent in der evangelikalen Szene der USA – hat ihn die Gnade Gottes anders entdecken und tiefer verstehen lassen.

»Du, wir haben auf unserer letzten Camp-Konferenz in den USA einen faszinierenden Referenten gehört«, spricht mich wenig später *Alexandra Depuhl* an, Leiterin des Christ-Camps am Niederrhein. »Der wäre was für AUFATMEN. Jemand, der über die Vaterliebe redet, so wie ich das selten vorher gehört habe . . .«

Zu diesem Zeitpunkt sind die Lizenzverträge längst geschlossen, aber durch Alexandra Depuhl gerate ich an eine Vortragskassette von Brennan Manning und höre ihn zum ersten Mal reden: Eine raue, singende Stimme, die über tiefe Lebens-Erfahrungen mit dem Gott berichtet, zu dem wir voller Vertrauen »Papa« sagen dürfen, weil er uns als seine Kinder angenommen hat.

Puzzlesteine zu einer Buchveröffentlichung, die Sie nun in Händen haben. Ein Buch, in dem uns ein Autor Einblick gewährt in eine Glaubenswelt, die manchen neu und unvertraut ist. Manches von dem, was Brennan Manning schreibt, wird uns vielleicht aufgrund des ganz anderen Kontextes, in dem er lebt, fremd bleiben. Aber wer mit dem Herzen liest, wird sie entdecken: Die gute Nachricht von Gottes bedingungsloser Liebe und provozierend freier Gnade, die uns aufatmen lässt.

Ulrich Eggers
Herausgeber der Edition AUFATMEN
und Redaktionsleiter der Zeitschrift AUFATMEN

Ein Wort zum Anfang

Dieses Buch ist nicht für die supergeistlichen Christen.

Es ist nicht für die Muskelprotze unter den Christen, deren Held John Wayne und nicht Jesus ist.

Es ist nicht für Akademiker, die Jesus im Elfenbeinturm der Exegese einsperren würden.

Es ist nicht für die lauten Leute, die immer »gut drauf« sind, die aus dem christlichen Glauben einen blanken Appell an das Gefühl machen.

Es ist nicht für Kapuzen tragende Mystiker, die Zauberei in ihrem Glauben haben wollen.

Es ist nicht für »Halleluja-Christen«, die immer nur auf dem Berggipfel leben und noch nie das Tal der Verzweiflung betreten haben.

Es ist nicht für die Furcht- und Tränenlosen.

Es ist nicht für die Zufriedenen, die einen Rucksack voller Ehrenurkunden, Diplome und guter Werke geschultert tragen und wirklich glauben, dass sie es damit geschafft haben.

Es ist nicht für die Gesetzlichen, die ihre Seelen lieber irgendwelchen Regeln überlassen, als das Risiko einzugehen, in Gemeinschaft mit Jesus zu leben.

Größer als dein Herz wurde geschrieben für die Schmuddeligen, Zerschlagenen und Ausgebrannten.

Für diejenigen, die schwer zu schleppen haben.

Es ist für die mit weichen Knien, die wissen, dass sie es irgendwie nicht bringen, die aber trotzdem zu stolz sind, die kostenlose Gnade anzunehmen.

Es ist für die unausgeglichenen, unsteten Jünger, denen das Marmeladenbrot immer auf die falsche Seite fällt.

Es ist für die armen, schwachen, sündigen Männer und Frauen mit ererbten Fehlern und begrenzten Fähigkeiten.

Es ist für die Gebeugten und die mit den Schrammen, die das Gefühl haben, dass ihr Leben für Gott eine schwere Enttäuschung ist.

Es ist für kluge Leute, die wissen, dass sie dumm sind, und für ehrliche Jünger, die zugeben, dass sie Taugenichtse sind.

Größer als dein Herz ist ein Buch, das ich für mich selbst geschrieben habe und für alle, die unterwegs müde geworden sind und den Mut verloren haben.

New Orleans 1990   Brennan Manning

1. Irgendetwas ist total falsch

An einem stürmischen Oktoberabend hatten sich in einer Gemeinde außerhalb von Minneapolis einige Hundert Christen zu einem dreitägigen Seminar versammelt. Ich begann mit einer einstündigen Beschreibung des Evangeliums von der Gnade und der Realität der Erlösung. Mit Hilfe der Bibel, Geschichten, Symbolen und persönlichen Erfahrungen stellte ich die Aussage in den Mittelpunkt, dass das, was Jesus auf Golgatha getan hat, völlig genügt, um uns zu erlösen. Die Veranstaltung ging mit einem Lied und einem Gebet zu Ende. Der Gemeindepastor verließ den Saal durch einen Seitenausgang, wandte sich an seinen Kollegen und sagte ärgerlich: »Meine Güte, dieser Überflieger hat nicht ein einziges Wort darüber verloren, was man tun muss, um sich diese Gnade zu verdienen!«

Irgendetwas war da total falsch.

Die Mächte dieser Welt haben unser Denken verkrümmt, das Evangelium der Gnade in religiöse Knechtschaft verwandelt und das Bild von Gott verzerrt in das eines ewigen, kleinlichen Buchhalters. Die christliche Gemeinde ähnelt einer Wall Street für gute Werke, wo die Elite geachtet und das ganz Normale übersehen wird. Die Liebe wird erstickt und die Freiheit in Fesseln gelegt. Die Selbstgerechtigkeit verfestigt sich immer mehr. Die institutionalisierte Kirche ist zu einer Organisation geworden, die die Heiler verletzt, statt die Verletzten zu heilen.

Krass ausgedrückt: Unsere Kirchen nehmen die Gnade zwar rein theoretisch an, aber in der Praxis leugnen sie sie. Wir sagen zwar, wir glauben, dass die Grundstruktur des Glaubens die Gnade Gottes ist und nicht unsere Werke – aber unser Leben straft unser Reden Lügen. Im Großen und Ganzen wird das Evangelium von der Gnade weder verkündet noch verstanden noch gelebt. Viel zu viele Christen leben in der Furcht und nicht in der Liebe.

Unsere Kultur verhindert, dass wir das Wort *Gnade* verstehen.

Wir stimmen in Slogans ein wie: »Von nichts kommt nichts.« »Man kriegt immer das, was man verdient.« »Du willst Barmherzigkeit? Zeige, dass du sie verdient hast.« »Tu den anderen Gutes, dann tun sie dir auch Gutes.« »Sieh dir doch die Leute an, die heimlich arbeiten und trotzdem Sozialhilfe kassieren. Oder die Reichen, die ihr Geld am Fiskus vorbei ins Ausland schaffen.«

Mein Lektor beim Verlag Fleming Revell erzählte mir, wie er immer mitbekommen habe, dass ein Pastor zu einem Kind sagte: »Gott liebt brave kleine Jungen.« Wenn ich Predigten höre, in denen ausdrücklich betont wird, dass wir uns persönlich anstrengen und bemühen müssten – nach dem Motto: Ohne Fleiß kein Preis –, dann kann ich mich des Eindrucks nicht erwehren, dass eine »Do-it-yourself-Spiritualität« in Mode gekommen ist.

Obwohl die Bibel eindeutig feststellt, dass Gott für unsere Erlösung den Anfang gemacht hat und wir durch Gnade gerettet sind, beginnt unser geistliches Leben bei uns selbst und nicht bei Gott. Statt eine persönliche Antwort darauf zu geben, übernehmen wir die persönliche Verantwortung. Wir reden davon, uns Tugenden anzueignen, als handele es sich dabei um eine Fertigkeit, die man erwerben kann wie eine gute Handschrift oder einen guten Abschlag beim Golf. In Zeiten der Buße konzentrieren wir uns darauf, unsere Schwächen zu überwinden, unsere Komplexe und Marotten loszuwerden und zur geistlichen Reife als Christen zu gelangen. Wir schwitzen uns durch verschiedene geistliche Übungen, als wären die dazu gedacht, einen geistlichen Supermann hervorzubringen.

Obwohl sie ein Lippenbekenntnis zum Evangelium der Gnade ablegen, leben viele Christen so, als ob es darum ginge, durch persönliche Disziplin und Selbstverleugnung einen perfekten Menschen zu formen. Die Betonung liegt auf dem, was ich tue, statt darauf, was Gott tut.

In diesem seltsamen Prozess ist Gott ein gutmütiger alter Zuschauer auf der Tribüne, der applaudiert, wenn ich mich morgens zur Stillen Zeit blicken lasse. Wenn wir in Psalm 123 lesen: »Siehe, wie die Augen der Knechte auf die Hände ihrer Herren sehen, wie die Augen der Magd auf die Hände ihrer Frau, so sehen unsre Augen auf den Herrn, unsern Gott . . .«, spüren wir ein vages Gefühl existenzieller Schuld. Unsere Augen sehen nicht auf Gott. Wir glauben, dass wir uns an den eigenen Haaren aus dem Sumpf ziehen können – ja, wir schaffen es ganz allein!

Früher oder später aber müssen wir uns der schmerzlichen Wahrheit unserer Unzulänglichkeit und unseres Unvermögens stellen. Unsere Sicherheit ist zerbrochen, und die Haare, an denen wir uns aus dem Sumpf ziehen wollten, sind abgeschnitten. Wenn der anfängliche Eifer im Glauben erst einmal vorüber ist, werden Schwäche und Untreue sichtbar.

Wir entdecken unsere Unfähigkeit, auch nur einen Deut zu unserem geistlichen Format hinzuzufügen. Und an diesem Punkt beginnt die Unzufriedenheit, die sich schließlich zu Schwermut, Pessimismus und einer unterschwelligen Verzweiflung auswächst: unterschwellig, weil sie unerkannt und unbemerkt bleibt und deshalb nicht hinterfragt wird. Die Unzufriedenheit geht in Langeweile und Plackerei über. Wir werden überwältigt von der Gewöhnlichkeit des Lebens, von Alltagspflichten, die sich immer und immer wiederholen. Insgeheim geben wir zu, dass die Berufung Jesu uns zu anstrengend ist, dass es außerhalb unserer Möglichkeiten liegt, uns auf seinen Geist einzulassen. Wir fangen an, uns wie alle anderen zu verhalten. Das Leben wird freudlos und leer. Allmählich ähneln wir der Hauptperson in Eugene O'Neills Theaterstück *Der große Gott Brown*: »Warum habe ich Angst zu tanzen, ich, der ich Musik und Rhythmus liebe und Anmut und Gesang und Lachen? Warum habe ich Angst zu leben, ich, der ich das Leben und die Schönheit des Fleisches und die lebendigen Farben der Erde und des Himmels und des Meeres liebe? Warum habe ich Angst zu lieben, ich, der ich die Liebe liebe?«

Irgendetwas läuft total falsch.

Wir ächzen und stöhnen, um Gott zu beeindrucken, wir rangeln um Punkte, wir machen uns Stress, um uns selbst wieder in Ordnung zu bringen, wir versuchen, unsere Kleinlichkeit zu verstecken, wir schwelgen in Schuldgefühlen. All das macht Gott nur schwindelig, und es ist eine glatte Leugnung des Evangeliums von der Gnade.

Unser Ansatz im Leben als Christen ist so absurd wie der des jungen Mannes, der gerade seine Gesellenprüfung als Klempner bestanden hatte und eine Reise zu den Niagarafällen machte. Er sah sich das Ganze etwa eine Minute lang an und sagte dann: »Ich glaube, das krieg ich wieder hin.«[1]

Das Wort *Gnade* ist trivial geworden und durch Missbrauch und zu häufigen Gebrauch abgewertet. Es bewegt uns nicht mehr so, wie es die frühen Christen bewegte. Das Wort hat seine ursprüngliche Faszination eingebüßt.

Dagegen begann die Reformation an dem Tag, als Luther über die Bedeutung der Paulus-Worte betete: »Darin wird offenbart die Gerechtigkeit, die vor Gott gilt, welche kommt aus Glauben in Glauben; wie geschrieben steht: ›Der Gerechte wird aus Glauben leben‹« (Römer 1,17). Wie viele Christen heute rang Luther in jener Nacht mit der zentralen Frage: Wie kann das Evangelium von Jesus Christus wirklich »Gute Nachricht« heißen, wenn Gott ein gerechter Richter ist, der das Gute belohnt und das Schlechte bestraft? Ist Jesus wirklich gekommen, um diese erschreckende Botschaft zu übermitteln?

Wie kann die Offenbarung Gottes in Jesus Christus ausgerechnet »Neuigkeit, Nachricht« heißen, wo sich doch schon das Alte Testament mit dieser Thematik befasst hat? Warum nennt man diese Neuigkeit »gut« bei einer solchen Strafandrohung, die wie eine finstere Wolke über dem Tal der Geschichte hängt? Luther beschrieb kurz vor seinem Tode die entscheidende Wende in seinem theologischen Denken so: »So raste ich wilden und wirren Gewissens; dennoch klopfte ich beharrlich an eben dieser Stelle bei Paulus an, mit glühend heißem Durst, zu erfahren, was St. Paulus wolle. Bis ich, dank Gottes Erbarmen, unablässig Tag und Nacht darüber nachdenkend, auf den Zusammenhang der Worte achtete, nämlich: ›Gottes Gerechtigkeit wird in ihm offenbart, wie geschrieben ist: der Gerechte lebt aus Glauben.‹ Da begann ich die Gerechtigkeit Gottes zu verstehen ... nämlich die passive Gerechtigkeit, durch die uns der barmherzige Gott gerecht macht durch den Glauben, wie geschrieben ist: ›Der Gerechte lebt aus Glauben.‹ Da hatte ich das Empfinden, ich sei geradezu von neuem geboren und durch geöffnete Tore in das Paradies selbst eingetreten.[2]

Was für eine verblüffende Erkenntnis!

»Rechtfertigung aus Gnade allein durch den Glauben« ist die theologische Ausdrucksweise für das, was Chesterton einmal als »die unbändige Liebe Gottes« bezeichnet hat. Gott ist nicht launisch; er ist immer derselbe. Er nimmt uns gegenüber nur einen einzigen, gleichbleibenden Standpunkt ein: Er liebt uns. Er ist der einzige Gott, von dem Menschen je gehört haben, der Sünder liebt. Falsche, von Menschen gemachte Götter verachten Sünder, aber der Vater Jesu liebt alle, egal, was sie tun. Natürlich ist das für uns fast unglaublich. Trotzdem steht die zentrale Aussage der Reformation: Ohne eigenes Verdienst, sondern durch seine Gnade sind wir zu einer richtigen Beziehung zu Gott wiederhergestellt, und zwar durch das Leben, den Tod und die Auferstehung seines geliebten Sohnes. Das ist die Gute Nachricht, das Evangelium von der Gnade.

»Die Reformation war eine Zeit, als die Menschen blind wurden und wie betrunken taumelten, weil sie im staubigen Keller des späten Mittelalters einen ganzen Keller voller fünfzehnhundert Jahre alter zweihundertprozentiger Gnade entdeckt hatten – Flasche um Flasche reinen Bibeldestillats, von dem ein Schluck jeden davon überzeugen konnte, dass Gott uns mit links rettet. Das Wort des Evangeliums erwies sich – nach all den Jahrhunderten, in denen man versucht hatte, sich selbst in den Himmel emporzuheben, indem man sich über die Vollkommenheit des eigenen Haarschopfs Gedanken gemacht hatte – plötzlich als die ausdrückliche Ankündigung, dass die Geretteten schon zu Hause angekommen sein sollen, bevor sie sich überhaupt auf den Weg gemacht haben ... Gnade muss pur getrunken werden: ohne Wasser, ohne Eis und ganz bestimmt ohne Soda; weder Gutsein noch Schlechtsein, noch die Blumen, die im Frühling der ›Super-Spiritualität‹ blühen, durften hier beigemischt werden.«[3]

Matthäus 9,9-13 zeigt einen wunderschönen Blick auf das Evangelium der Gnade: »Als Jesus von dort wegging, sah er einen Menschen am Zoll sitzen, der hieß Matthäus; und er sprach zu ihm: Folge mir! Und er stand auf und folgte ihm. Es begab sich, als er zu Tisch saß im Hause, siehe, da kamen viele Zöllner und Sünder und saßen zu Tisch mit Jesus und seinen Jüngern. Als das die Pharisäer sahen, sprachen sie zu seinen Jüngern: Warum isst euer Meister mit den Zöllnern und Sündern? Als das Jesus hörte, sprach er: Nicht die Starken bedürfen des Arztes, sondern die Kranken. Geht aber hin und lernt, was das heißt: ›Ich habe Wohlgefallen an Barmherzigkeit und nicht am Opfer.‹ Ich bin gekommen, die Sünder zu rufen und nicht die Gerechten.«

Hier ist Offenbarung, so hell wie der Abendstern: Jesus ist für Sünder gekommen, für solche, die so ausgestoßen sind wie die Zöllner, und solche, die in erbärmlichen Entscheidungen und gescheiterten Träumen festhängen. Er ist für Manager gekommen, für Obdachlose, Superstars, Bauern, Drogenhändler und Süchtige, für Steuerfahnder, Aids-Opfer und sogar für Gebrauchtwagenhändler. Und Jesus spricht nicht nur mit diesen Menschen, sondern er isst mit ihnen, und zwar im vollen Bewusstsein, dass seine Tischgemeinschaft mit den Sündern fragende Blicke und hochgezogene Brauen bei den Glaubensbürokraten bewirkt, die mit ihren Roben und den Insignien ihrer Autorität rechtfertigen, dass sie die Wahrheit verdammen und das Evangelium der Gnade ablehnen.

Dieser Abschnitt aus dem Matthäusevangelium sollte immer und immer wieder gelesen und am besten auswendig gelernt werden. Jede Generation von Christen versucht seine Bedeutung etwas abzuschwächen, weil das Evangelium einfach zu schön scheint, um wahr zu sein. Wir denken, dass Erlösung den Anständigen und Frommen zusteht, denen, die sicheren Abstand zu den Hinterhöfen des Lebens halten und ihr Urteil denen aufdrücken, die vom Leben beschmuddelt worden sind.

Jesus, der dem Gelähmten die Sünden vergab, sagt, dass er die Sünder an seinen Tisch eingeladen hat, nicht die Selbstgerechten. Damit drückt er aus, dass das Reich seines Vaters keine Abteilung für die Selbstgerechten ist und auch nicht für diejenigen, die glauben, dass sie allein das Staatsgeheimnis der Erlösung kennen. Das Reich Gottes ist kein exklusiver, gepflegter Vorort mit versnobten Regeln, wer dort wohnen darf und wer nicht. Nein, es ist für Leute, die wissen, dass sie Sünder sind, weil sie das Gieren und Drängen der Versuchungen kennen. Das sind die Sünder-Gäste, die Jesus zu sich in seine Nähe und an seine Festtafel ruft.

Wer nicht weiß, dass Menschen, die Gottes Licht spiegeln, eben auch tief in die Finsternis ihres unvollkommenen Lebens geblickt haben, für den bleibt das eine verblüffende Geschichte. »Die Kirche ist kein Museum für Heilige, sondern ein Krankenhaus für Sünder.« (Morton Kelsey)

Die Gute Nachricht bedeutet, dass wir aufhören können, uns selbst zu belügen. Der süße Klang dieser erstaunlichen Gnade bewahrt uns davor, uns selbst betrügen zu müssen. Er hält uns davon ab zu leugnen, dass der Kampf gegen Gier, Habsucht und Stolz immer noch in uns tobt, obwohl Jesus Christus den Sieg davongetragen hat. Als erlöster Sünder kann ich eingestehen, dass ich oft lieblos, ärgerlich, zornig und ablehnend denen gegenüber bin, die mir am nächsten stehen. Wenn ich zur Kirche gehe, kann ich meinen weißen Hut getrost zu Hause lassen und zugeben, dass ich versagt habe. Gott liebt mich so, wie ich bin, das heißt er kennt mich auch so, wie ich bin. Deshalb muss ich keine »geistliche Kosmetik« betreiben, um mich ihm gegenüber vorzeigbar zu machen. Ich kann akzeptieren, dass meine Armut, Ohnmacht und Bedürftigkeit ein Teil von mir sind.

C. S. Lewis schreibt in seinem Buch *Was man Liebe nennt:* »Gnade steht für ein völliges, kindliches und entzücktes Annehmen unserer Not, für eine Freude an der völligen Abhängigkeit von Gott. Dem guten Menschen tun die Sünden Leid, die seine Bedürftigkeit verstärkt haben. Die neue Bedürftigkeit, die durch diese Sünden entstand, aber tut ihm nicht sehr Leid.«

Während das Evangelium der Gnade langsam von uns Besitz ergreift, wird etwas total und von Grund auf zurechtgerückt. Wir werden so ehrlich wie der 92 Jahre alte Pfarrer, der von jedem in seiner Stadt verehrt wurde. Er war Mitglied im Rotary Club, fehlte bei keinem Treffen, war immer pünktlich da und saß stets auf seinem Lieblingsplatz in einer Ecke.

Eines Tages verschwand er. Es war, als hätte er sich in Luft aufgelöst. Die Bewohner der Stadt suchten überall nach ihm, fanden aber keine Spur. Als sich der Rotary Club im darauf folgenden Monat wieder traf, saß der Pfarrer wie immer in seiner gewohnten Ecke.

»Wo sind Sie gewesen?«, riefen alle.

»Ich habe eine Gefängnisstrafe von dreißig Tagen abgesessen.«

»Im Gefängnis waren Sie? Aber Sie könnten doch keiner Fliege etwas zu Leide tun. Was ist denn passiert?«

»Das ist eine lange Geschichte«, sagte der Pfarrer, »aber um es kurz zu machen, es ist Folgendes passiert: Ich habe mir eine Zugfahrkarte gekauft, um in die Stadt zu fahren. Als ich am Bahnsteig stand und auf den Zug wartete, tauchte ein wunderschönes Mädchen in Begleitung eines Polizisten auf und sagte: ›Der da war es. Ich bin ganz sicher, dass er es war.‹ Um ganz ehrlich zu sein, ich war so geschmeichelt, dass ich mich schuldig bekannt habe.«[4]

Auch der heiligste Mann und die heiligste Frau sind ein kleines bisschen eitel. Sie sehen keinen Grund, das zu leugnen. Und sie wissen, dass die Realität sich rächt, wenn sie nicht respektiert wird.

Ich bin ein Bündel von Widersprüchen. Ich glaube und zweifle, ich hoffe und bin entmutigt, ich liebe und hasse, ich fühle mich schuldig dafür, dass ich mich nicht schuldig fühle. Ich bin vertrauensvoll und misstrauisch. Ich bin ehrlich und wende immer noch meine Tricks und Spielchen an. Aristoteles hat gesagt, dass ich ein mit Vernunft begabtes Tier bin; ich sage, ich bin ein Engel mit einem unglaublichen Fassungsvermögen für Bier.

Aus der Gnade zu leben heißt, meine gesamte Lebensgeschichte anzuerkennen, die helle wie die dunkle Seite. Indem ich meine Schattenseite eingestehe, lerne ich, wer ich bin und was Gottes Gnade eigentlich bedeutet. Thomas Merton hat das so ausgedrückt: »Ein Heiliger ist kein Mensch, der gut ist, sondern einer, der die Güte Gottes erfährt.«

Das Evangelium der Gnade sorgt dafür, dass uns Fernsehevangelisten, charismatische Superstars und Gemeindehelden vor Ort nicht mehr Honig um den Bart schmieren und wir sie bewundern müssen. Es macht Schluss mit der Zweiklassen-Gesellschaft, die es in vielen Gemeinden gibt. Denn Gnade verkündet die Ehrfurcht gebietende Wahrheit, dass alles Geschenk ist. Alles, was gut ist, gehört uns, aber nicht, weil es uns zusteht oder wir ein Anrecht darauf hätten, sondern aufgrund der reinen Großzügigkeit eines gnädigen Gottes. Es mag vieles geben, was wir uns verdient haben – unseren Ausbildungsabschluss und unser Gehalt, unser Zuhause und unseren Garten, ein kühles Bier und guten Schlaf – aber all das ist nur möglich, weil uns so viel geschenkt worden ist: das Leben selbst, Augen zum Sehen und Hände zum Zupacken, ein Verstand, um Gedanken hervorzubringen, und ein Herz, das lieben kann. Die Gnade und der Glaube sind uns geschenkt. Wir haben die Kraft zu glauben, wo andere leugnen müssen, zu hoffen, wo andere verzweifeln, zu lieben, wo andere verletzen. Das ist reines Geschenk; es ist nicht der Lohn für unsere Treue, unsere großzügige Einstellung oder unser heldenhaftes Gebetsleben. Sogar unsere Treue ist Geschenk. »Und wenn wir uns nur an Gott wenden«, so sagt Augustinus, »dann ist selbst das Geschenk Gottes.« Im tiefsten weiß ich, dass ich von Jesus Christus geliebt bin und dass ich nichts getan habe, um es zu verdienen.

In meinem Dienst als Reiseevangelist habe ich mich oft lobend über bestimmte große Männer und Frauen der Kirchengeschichte und über Christen von heute geäußert, indem ich betonte, was sie es sich haben kosten lassen, geringere Männer und Frauen zu übertreffen. Oh, was für Verrücktheiten habe ich in Predigten von mir gegeben! Die Gute Nachricht des Evangeliums von der Gnade verkündet: Wir sind alle gleichermaßen bevorzugte Bettler an der Tür der Gnade Gottes, allerdings ohne Ansprüche stellen zu können!

Henri Nouwen sagt, dass der größte Anteil des Wirkens Gottes in der Welt vielleicht sogar unbemerkt bleibt. Durch die Taten einiger berühmter Leute wird etwas von Gottes Wirken sichtbar, aber ein großer Teil seines Erlösungshandelns in unserer Geschichte bleibt möglicherweise völlig unbemerkt. Das ist ein schwer zu fassendes Geheimnis gerade in einer Zeit, in der Publicity und Bekanntheit eine so große Rolle spielen. Wir neigen zu der Vorstellung, dass etwas umso wichtiger sein muss, je mehr Menschen davon wissen und darüber reden.

Es ist kein Zufall, dass Lukas den Abschnitt über Jesus und die Kindersegnung direkt vor der Sache mit Zachäus erzählt. Die Kinder sind ein Kontrast zu dem reichen Mann, einfach weil sich bei ihnen gar nicht die Frage stellt, ob sie schon in der Lage waren, irgendetwas zu leisten oder irgendwelche Verdienste zu erringen. Jesus will damit sagen: Es gibt nichts, was der Einzelne tun könnte, um das Reich Gottes zu erben. Wir können es nur empfangen wie kleine Kinder. Und kleine Kinder haben noch gar nichts erreicht oder verdient. Das Neue Testament war in Bezug auf Kinder nicht sentimental, darin findet sich nicht die Illusion, Kinder seien von Geburt an gut. Jesus meint mit dem Vergleich nicht, dass der Himmel ein Kinderspielplatz ist. Kinder werden hier als unser Vorbild hingestellt, weil sie keinen *Anspruch* auf den Himmel erheben. Wenn sie Gott nahe sind, dann deshalb, weil sie unfähig und nicht weil sie unschuldig sind. Wenn sie irgendetwas empfangen, dann immer und ausschließlich als Geschenk.

Im Epheserbrief schreibt Paulus: »Denn aus Gnade seid ihr selig geworden durch Glauben, und das nicht aus euch: Gottes Gabe ist es, nicht aus Werken, damit sich nicht jemand rühme« (2,8-9).

Wenn man heute eine nicht repräsentative Umfrage unter 1000 Menschen in der Kirche durchführen würde, dann würden die meisten von ihnen Glauben als die Überzeugung von der Existenz Gottes definieren. Früher brauchte man keinen Glauben, um an die Existenz Gottes zu glauben – das war für fast jeden ganz selbstverständlich. Glaube hatte vielmehr etwas mit der Beziehung des Einzelnen zu Gott zu tun – es hatte mit der Frage zu tun, ob man Gott vertraute. Der Unterschied zwischen »Glauben, dass etwas existiert« und Glauben als »Gott vertrauen« ist enorm. Das Erste ist eine Sache des Kopfes, das Zweite eine des Herzens. Beim Ersten können wir völlig unverändert bleiben, das Zweite verändert uns unweigerlich.[5]

So ist der Glaube, den Paul Tillich in seinem berühmten Werk *In der Tiefe ist Wahrheit* beschreibt: »Die Gnade erschüttert uns, wenn wir große Schmerzen leiden und sehr ruhelos sind. Sie trifft uns, wenn wir durch das finstere Tal eines sinnlosen und leeren Lebens gehen . . . Sie trifft uns, wenn sich Jahr um Jahr die ersehnte Vollkommenheit nicht einstellt, wenn uns die alten Zwänge, wie schon seit Jahrzehnten, auch weiterhin beherrschen, wenn die Verzweiflung alle Freude und allen Mut zunichte macht. Manchmal bricht dann eine Welle von Licht in unsere Dunkelheit herein, und es ist, als sagte eine Stimme: ›Du bist angenommen. Du bist angenommen, angenommen durch etwas, das größer ist als du und dessen Namen du nicht kennst. Frage jetzt nicht nach dem Namen; vielleicht findest du ihn später noch. Versuche jetzt nicht, irgendetwas zu tun, leiste nichts, beabsichtige nichts. Nimm einfach die Tatsache an, dass du angenommen bist.‹ Wenn uns das widerfährt, dann erleben wir Gnade.«[6]

Und die Gnade ruft aus: Du bist nicht nur ein desillusionierter alter Mann, der vielleicht bald stirbt, eine Frau mittleren Alters, die in einem Job festsitzt und sich verzweifelt heraussehnt, ein junger Mensch, der merkt, dass das Feuer in seinem Bauch erkaltet. Du magst unsicher, unzulänglich, missverstanden und ein Dickwanst sein. Tod, Panik, Depression und Enttäuschung mögen dir zu Leibe rücken. Aber du bist nicht nur das. Du bist angenommen. Verwechsle nie deine Selbstwahrnehmung mit dem Geheimnis, dass du wirklich angenommen bist.

Paulus schreibt: »Er hat zu mir gesagt: ›Lass dir an meiner Gnade genügen; denn meine Kraft ist in den Schwachen mächtig.‹ Darum will ich mich am allerliebsten rühmen meiner Schwachheit, damit die Kraft Christi bei mir wohne« (2. Korinther 12,9). Worin auch immer unser Versagen konkret bestehen mag, in der Gegenwart Christi brauchen wir nicht den Blick zu senken. Im Unterschied zu Quasimodo, dem buckligen Glöckner von Notre-Dame, müssen wir nicht all das verstecken, was an uns hässlich und abstoßend ist. Jesus kommt nicht für die supergeistlichen Menschen, sondern für die wankelmütigen, unsicheren, die mit den weichen Knien, die wissen, dass sie es nicht packen und die nicht zu stolz sind, um die erstaunliche Gnade anzunehmen. Wenn wir aufblicken, dann stellen wir überrascht fest, dass wir in den Augen Jesu tiefes Verständnis und sanfte Anteilnahme finden.

Wenn die Gemeinde einen Menschen ablehnt, der von Jesus angenommen ist, stimmt irgendetwas ganz und gar nicht: wenn über Homosexuelle ein hartes, richtendes Urteil gefällt wird und keine Bereitschaft zur Vergebung vorhanden ist; wenn ein Geschiedener vom Abendmahl ausgeschlossen wird; wenn dem Kind einer Prostituierten die Taufe verweigert wird; wenn es einem Laienseelsorger verboten wird, die Sakramente auszuteilen. Jesus kommt zu den Gottlosen, sogar am Sonntagmorgen. Sein Kommen beendet die Gottlosigkeit und macht uns würdig. Andernfalls sorgen wir dafür, dass im Mittelpunkt des Christentums eine gottlose und unwürdige Hervorhebung der Werke steht.

Jesus setzte sich mit jedem an einen Tisch, der dabei sein wollte, auch mit denen, die aus den anständigen Häusern verbannt und ausgeschlossen worden waren. Im gemeinsamen Mahl empfingen sie Wertschätzung statt der erwarteten Verdammung, eine barmherzige Aufnahme statt eines schnellen Schuldspruchs, überraschende Gnade statt Schande. Das ist eine sehr handgreifliche Demonstration des Gesetzes der Gnade – eine neue Chance im Leben.

Jede Gemeinde, die nicht akzeptiert, dass sie aus sündigen Männern und Frauen besteht, lehnt damit auch das Evangelium der Gnade ab. Hans Küng schrieb: »Sie verdient weder das Erbarmen Gottes noch das Vertrauen der Menschen.« Die Kirche muss sich ständig bewusst sein, »dass ihr Glaube schwach, ihr Erkennen zwielichtig, ihr Bekennen stammelnd ist, dass es keine einzige Sünde und Verfehlung gibt, der nicht auch sie in dieser oder jener Weise schon erlegen wäre, so dass sie bei aller dauernden Distanzierung von der Sünde nie Anlass hat, sich von irgendwelchen Sündern zu distanzieren. Ja, wenn die Glaubensgemeinschaft selbstgerecht auf die Versager, Unfrommen und Unmoralischen herabblickt, dann kann sie nicht gerechtfertigt in Gottes Reich eingehen. Wenn sie sich aber ihrer Schuld und Sünde ständig bewusst bleibt, dann darf sie fröhlich und getrost von der Vergebung leben. Ihr ist die Verheißung gegeben, dass, wer sich selbst erniedrigt, erhöht wird.«[7]

Es gibt die Geschichte von einem Sünder, der wegen seiner bekannt gewordenen Sünde exkommuniziert worden war und die Kirche nicht mehr betreten durfte. Er ging mit seinem Kummer zu Gott: »Sie lassen mich nicht mehr rein, Herr, weil ich ein Sünder bin.«

»Was beklagst du dich?«, erwiderte Gott. »Mich lassen sie auch nicht rein.«

Es gibt in der Gemeinde von heute einen blühenden Mythos, der bereits unermesslichen Schaden angerichtet hat. Er lautet: »Einmal bekehrt, völlig bekehrt.« Anders ausgedrückt: Wenn ich einmal Jesus Christus als meinen Herrn und Erlöser angenommen habe, dann winkt mir eine unwiderruflich sündlose Zukunft. Die Nachfolge wird eine ungetrübte Erfolgsstory sein; das Leben eine ununterbrochene Aufwärtsspirale in Richtung Heiligkeit. Sagen Sie das einmal dem armen Petrus, der, nachdem er am Strand dreimal seine Liebe zu Jesus bekannt und zu Pfingsten den Heiligen Geist empfangen hatte, immer noch eifersüchtig war auf den Erfolg des Apostels Paulus!

Ich bin schon oft gefragt worden: »Brennan, wie ist es möglich, dass du Alkoholiker geworden bist, nachdem du dich schon bekehrt hattest?« Das ist möglich, weil ich durch Einsamkeit und Versagen kaputt und verletzt war. Weil ich immer mutloser wurde, unsicherer, schuldbeladener. Weil ich nicht mehr auf Jesus sah. Weil die Jesus-Begegnung mich nicht in einen Engel verwandelt hatte. Weil Gerechtigkeit aus Gnade durch den Glauben bedeutet, dass ich in eine richtige Beziehung zu Gott gekommen bin, und nicht, dass ich wie ein narkotisierter Patient auf dem Operationstisch liege. Wir wollen dagegen eine Spiritualität auf Knopfdruck (Klick-klick – und schon sind wir heilig) und versuchen, eine bestimmte Tugend zu einem bestimmten Zeitpunkt zu kultivieren. Besonnenheit im Januar, Demut im Februar, Standhaftigkeit im März und Enthaltsamkeit im April. Dabei rechnen wir genau unsere Gewinn- und Verlustpunkte auf. Es sollen keine Minuspunkte vorhanden sein, wenn man im Mai bei der Güte angelangt ist. Manchmal kommt der Mai nie. Für viele Christen ist das Leben ein einziger langer Januar.

Einer alten christlichen Legende zufolge kniete ein Heiliger einst nieder und betete: »Lieber Gott, ich habe nur einen Wunsch im Leben: Gewähre mir die Gnade, dich nie wieder zu kränken.«

Als Gott das hörte, musste er laut lachen. »Darum bitten sie alle. Aber wenn ich jedem diese Gnade gewähren würde, wem sollte ich dann vergeben?«

Weil Erlösung aus Gnade und durch den Glauben geschieht, glaube ich, dass unter den unzähligen Palmwedel tragenden Leuten in weiten Gewändern, die vor dem Thron und vor dem Lamm stehen werden (Offenbarung 7,9), auch die Prostituierte von der Kit-

Kat-Ranch in Carson City/Nevada sein wird, die mir unter Tränen erzählte, dass sie keinen anderen Job finden konnte, um ihren zweijährigen Sohn zu ernähren. Ich werde dort die Frau sehen, die eine Abtreibung hatte und von Schuldgefühlen und Reue heimgesucht wird, aber die das ihrer Meinung nach Beste getan hatte, was sie tun konnte, als sie mit den strapaziösen Alternativen konfrontiert war. Den hoch verschuldeten Geschäftsmann werde ich dort sehen, der seine Integrität in einer Reihe von verzweifelten Transaktionen verkaufte. Den unsicheren Geistlichen, der süchtig nach der Anerkennung anderer ist, der seine Leute von der Kanzel aus nie vor Herausforderungen stellte, sondern sich nur nach bedingungsloser Liebe sehnte. Den Teenager, der von seinem Vater sexuell missbraucht wurde und seinen Körper jetzt auf dem Strich anbietet, der jeden Abend nach der letzten »Nummer« kurz vor dem Einschlafen den Namen eines unbekannten Gottes flüstert, von dem er in der Sonntagsschule gehört hat. Vor Gottes Thron wird der Mensch stehen, der sich auf dem Sterbebett bekehrt hat, der sein Leben lang auf Rosen gebettet war und das auch zu genießen wusste, der jedes Gebot Gottes gebrochen hat, der in Wollust geschwelgt und der Erde Gewalt angetan hat.

»Aber wieso?«, fragen wir. Dann sagt die Stimme: »Sie haben ihre Gewänder gewaschen und sie weiß gemacht im Blut des Lammes.«

Da sind sie also. Da sind *wir* – die Menge derer, die sich so sehr gewünscht haben, treu zu sein, die manchmal besiegt wurden, beschmutzt vom Leben und schlecht weggekommen bei Versuchungen, die die blutigen Spuren des Leidens tragen, aber durch das alles hindurch sich am Glauben festgeklammert haben.

Wenn das für Sie keine gute Nachricht ist, dann haben Sie das Evangelium von der Gnade noch nicht verstanden.

2. Herrliche Sturheit

Der große englische Astronom Sir James Jeans hat einmal gesagt: »Das Universum erweckt den Anschein, als wäre es von einem reinen Mathematiker geplant worden.« Ein anderer Wissenschaftler schrieb von »der Wahrnehmung einer mathematisch definierbaren kosmischen Ordnung . . .«

Beim Nachsinnen über die Ordnung der Erde, des Sonnensystems und des Sternenuniversums sind Wissenschaftler und Gelehrte zu dem Schluss gekommen, dass der Plan des Meisters nichts dem Zufall überlassen hat.

Die Neigung der Erde beispielsweise von einem Winkel von 23,5 Grad führt zu unseren Jahreszeiten. Wissenschaftler sagen: Wenn die Erde nicht genau diesen Neigungswinkel hätte, würde Dampf aus den Meeren Richtung Norden und Richtung Süden aufsteigen und ganze Eiskontinente auftürmen.

Wenn der Mond nur 80.000 Kilometer von der Erde entfernt wäre statt 380.000, wären die Gezeiten so gewaltig, dass alle Kontinente unter den Wassermassen verschwinden würden – selbst die Berge würden abgetragen.

Wenn die Erdkruste nur drei Meter dicker wäre, dann gäbe es keinen Sauerstoff, und ohne den würde alles organische Leben sterben.

Wären die Meere ein paar Meter tiefer, dann würden Kohlendioxid und Sauerstoff absorbiert und es gäbe kein pflanzliches Leben.

Das Gewicht der Erde wird auf sechs Trilliarden Kilogramm geschätzt (das ist 6×10^{15}). Aber sie ist perfekt ausbalanciert und dreht sich mit Leichtigkeit um ihre Achse. Sie dreht sich täglich mit einer Geschwindigkeit von über 1.600 Kilometern pro Stunde oder knapp 40.000 Kilometern pro Tag, das summiert sich auf fast 15 Millionen Kilometer pro Jahr. Wenn man bedenkt, dass das gewaltige Gewicht von sechs Trilliarden Kilogramm sich mit dieser fantastischen Geschwindigkeit um eine unsichtbare Achse dreht, von der unsichtbaren Schwerkraft an Ort und Stelle gehalten, dann bekommen die Worte aus Hiob 26,7 eine besondere Bedeutung: »... er hängt die Erde über das Nichts.«

Die Erde kreist auf ihrer eigenen Umlaufbahn um die Sonne, wobei sie eine lange elliptische Bahn von 940 Millionen Kilometern pro Jahr zurücklegt – das heißt wir bewegen uns auf der Umlaufbahn mit 30 Kilometern pro Sekunde oder 108.000 Kilometern pro Stunde.

Hiob lädt uns dazu ein nachzusinnen: »Steh still und merke auf die Wunder Gottes« (37,14). Man denke nur an die Sonne. Jeder Quadratmeter der Sonnenoberfläche gibt konstant eine Energie von 63.000 Kilowatt (das wären ungefähr 63.000 Wasserkocher) in Form von Flammen ab.

Die neun Hauptplaneten unseres Sonnensystems sind von der Sonne zwischen 58 Millionen und 5 Trillionen 910 Milliarden Kilometern entfernt; dennoch bewegt sich jeder von ihnen in exakter Präzision um die Sonne herum, und zwar auf Umlaufbahnen zwischen 88 Tagen beim Merkur und 252 Jahren beim Pluto.

Und dabei ist die Sonne nur ein kleinerer Stern unter den 200 Milliarden Gestirnen unserer Milchstraße. Wenn Sie ein Zehnpfennigstück auf Armeslänge von sich entfernt halten, dann versperrt die Münze Ihren Blick auf 15 Millionen Sterne, vorausgesetzt, Sie hätten die Sehkraft, sie alle zu erkennen.

Wenn wir versuchen, die fast unzählbar vielen Sterne und Himmelskörper allein unserer Milchstraße zu erfassen, dann können wir in Jesajas Lobgesang auf den allmächtigen Schöpfer einstimmen: »Hebet eure Augen in die Höhe und seht! Wer hat dies geschaffen? Er führt ihr Heer vollzählig heraus und ruft sie alle mit Namen; seine Macht und starke Kraft ist so groß, dass nicht eins von ihnen fehlt« (40,26).

Kein Wunder, dass David ausruft:

»Herr, unser Herrscher,
wie herrlich ist dein Name in allen Landen,
der du zeigst deine Hoheit im Himmel!
Aus dem Munde der jungen Kinder und Säuglinge
hast du eine Macht zugerichtet ...
Wenn ich sehe die Himmel, deiner Finger Werk,
den Mond und die Sterne, die du bereitet hast:
Was ist der Mensch, dass du seiner gedenkst,
und des Menschen Kind, dass du dich seiner annimmst?«
(Psalm 8)

Die Schöpfung offenbart eine Macht, die uns verblüfft und sprachlos macht. Wir sind gefesselt und bezaubert von der Macht Gottes. Wir stottern und stammeln über die Heiligkeit Gottes. Wir erzittern vor der Majestät Gottes ... und dennoch werden wir überempfindlich und ängstlich, wenn wir uns auf die Liebe Gottes verlassen sollen.

Es macht mich sprachlos, wenn ich die weit verbreitete Weigerung von Christen bemerke, über einen liebenden Gott groß zu denken.

In meinem Dienst als Reiseevangelist habe ich schockierenden Widerstand gegen den Gott erlebt, den die Bibel als die Liebe beschreibt. Manchen frommen Menschen ist diese Liebe zu umfassend. Sie glauben nicht, dass die Bibel ohne Einschränkung davon spricht. Andere betonen das alttestamentliche »Auge um Auge, Zahn um Zahn«. Manche haben schlechte Erfahrungen in der Kirche gemacht, so dass sie dem Reden von der Liebe Gottes nicht mehr glauben. Unser Widerstand gegen die heftige Liebe Gottes mag auf die Kirche, unsere Eltern, auf Seelsorger oder auf das Leben als solches zurückzuführen sein. Sie haben das Angesicht des mitleidenden Gottes verborgen, also protestieren wir.

Aber wenn wir wirklich Männer und Frauen des Gebets wären, mit entschlossenem Willen und leidenschaftlichen Herzen, dann würden wir solche Entschuldigungen ad acta legen. Wir würden ein für allemal aufhören, anderen die Schuld zuzuschieben.

Wir müssen in irgendeine Art von Wüste gehen (der Garten zu Hause tut es auch) und eine persönliche Erfahrung mit der Ehrfurcht gebietenden Liebe Gottes machen. »Die größte Ehre, die wir dem allmächtigen Gott geben können, ist es, froh zu leben in dem Wissen um seine Liebe« (Julian von Norwich). Wir werden verstehen, warum, wenn wir lesen, dass der Apostel Johannes in seinen letzten Lebensjahren, die er auf der Insel Patmos verbrachte, mit *großartiger Beharrlichkeit* über die Liebe Jesu Christi schrieb. Als läsen wir es zum ersten Mal, werden wir begreifen, was die Paulus-Worte bedeuten: »Wo aber die Sünde mächtig geworden ist, da ist die Gnade noch viel mächtiger geworden, damit, wie die Sünde geherrscht hat zum Tode, so auch die Gnade herrsche durch die Gerechtigkeit zum ewigen Leben, durch Jesus Christus unsern Herrn« (Römer 5,20-21).

Genau wie Johannes an seinem Lebensabend nur über die Liebe Jesu schrieb, so schrieb Paulus über das Evangelium von der geradezu verschwenderischen Gnade:
– Die Gnade Gottes macht Frauen und Männer gerecht (Römer 3,24; Titus 3,7).
– Aus Gnade wurde Paulus berufen (Galater 1,15).
– Gott erweist uns seine herrliche Gnade durch seinen Sohn (Epheser 1,6).
– Die Gnade Gottes ist erschienen zur Rettung aller Menschen (Titus 2,11).
– Die Gnade unseres Herrn ist reicher geworden mit dem Glauben und der Liebe, die in Christus Jesus ist (1. Timotheus 1,14).
– Gnade ist ein Reichtum, zu dem wir durch Christus Zugang haben (Römer 5,2).
– Gnade ist ein Zustand, in dem wir uns befinden (Römer 5,2).
– Die Gnade Gottes ist mächtiger als die Sünde (Römer 5,15+20-21; 6,1).
– Sie ist uns in Christus geschenkt (1. Korinther 1,4).

- Paulus hofft, dass die Gemeinde sie nicht vergeblich empfangen hat (2. Korinther 6,1).
- Gott schenkt jedem Christen überschwängliche Gnade (2. Korinther 9,14).
- Sie erstreckt sich auf immer mehr Menschen (2. Korinther 4,15).
- Die Gnade steht im Gegensatz zu den Werken, die nicht die Macht haben zu retten; wenn Werke diese Macht hätten, dann wäre die Realität der Gnade aufgehoben (Römer 11,5ff; Epheser 2,5+7ff; 2. Timotheus 1,9).
- Die Gnade steht im Gegensatz zum Gesetz. Juden wie Nichtjuden sind durch die Gnade des Herrn Jesus gerettet (Apostelgeschichte 15,11).
- Sich an das Gesetz zu halten heißt, auf die Gnade zu verzichten (Galater 2,21); und wenn die Galater das Gesetz annehmen, dann sind sie aus der Gnade gefallen (Galater 5,4).
- Der Christ ist nicht unter dem Gesetz, sondern unter der Gnade (Römer 6,14ff).
- Gnade steht im Gegensatz zu dem, was einem zusteht (Römer 4,4).
- Das Evangelium selbst, das ja die Gute Nachricht von der Gnade ist, kann als Gnade bezeichnet werden (Apostelgeschichte 20,24) oder als Wort seiner Gnade (Apostelgeschichte 14,3; 20,32).

Ja, der gnädige Gott, der in Jesus Christus Mensch geworden ist, *liebt uns.*

Gnade ist der aktive Ausdruck seiner Liebe. Der Christ lebt von der Gnade als das Kind des Vaters und lehnt es ab, an einen Gott zu glauben, der sich beim kleinsten Anzeichen von Schwäche auf den Menschen stürzt – an einen Gott, der über unsere ungeschickten Fehler nicht lächeln kann, der nicht bei unseren menschlichen Festen ist, der sagt: »Dafür wirst du bezahlen«, der nicht versteht, dass Kinder sich immer schmutzig machen und vergesslich sind, der ständig hinter Sündern herschnüffelt. Aber auch an den trotteligen Großvater-Gott, der verspricht, einem nie in die Quere zu kommen.

Ein Pastor, den ich kenne, erinnert sich an eine Bibelarbeit in seiner Gemeinde. Es ging um 1. Mose 22. Gott befiehlt Abraham, seinen Sohn Isaak auf dem Berg Morija zu opfern.

Nachdem die Gruppe den Abschnitt gelesen hatte, gab der Pastor einige Informationen zum historischen Hintergrund dieses Abschnitts der Heilsgeschichte, auch über die Verbreitung von Kinderopfern bei den Kanaanitern. Die Gruppe lauschte in ehrfürchtigem Schweigen.

Dann fragte der Pastor. »Aber was bedeutet diese Geschichte für uns?«

Ein Mann mittleren Alters meldete sich zu Wort: »Ich sage Ihnen, was diese Geschichte für mich bedeutet. Ich habe beschlossen, dass meine Familie und ich uns nach einer anderen Gemeinde umschauen werden.«

Der Pastor war erstaunt. »Wie bitte? Warum denn das?«

»Wenn ich mir diesen Gott anschaue«, fuhr der Mann fort, »den Gott Abrahams, dann habe ich das Gefühl, einen wirklichen, echten Gott vor mir zu haben und nicht diesen erhabenen, geschäftsmäßigen Rotary Club-Gott, über den wir hier sonntagsmorgens immer plaudern. Abrahams Gott konnte einen Mann zerschmettern, erst ein Kind geben und es dann wieder nehmen, einem Menschen wirklich alles abfordern, und noch mehr wollen. Den Gott möchte ich kennen lernen.«

Kinder Gottes wissen, dass ein Leben aus Gnade sie dazu beruft, auf einem kalten und windigen Berg zu leben, nicht auf dem platten Land eines rein verstandesmäßigen Allerweltsglaubens.

Der Kern des Evangeliums ist der Moment, als sich der Himmel verdunkelt, der Wind heult und ein Mann einen anderen Berg Morija hinaufsteigt im Gehorsam gegen Gott, der alles fordert und vor nichts Halt macht. Im Unterschied zu Abraham trägt dieser Mann ein Kreuz auf dem Rücken statt Holz für ein Feuer . . . Wie Abraham gehorcht auch er einem wilden und ruhelosen Gott, der es mit uns so machen will, wie er es sich gedacht hat, und zwar um jeden Preis.

Das ist der Gott des Evangeliums der Gnade. Ein Gott, der uns aus Liebe den einzigen Sohn schickte, den er je hatte, und zwar in Menschengestalt, in unserer Haut praktisch. Er lernte laufen, stolperte und fiel hin, er schrie nach seiner Milch, schwitzte Blut in jener Nacht in Gethsemane, wurde mit einer Peitsche geschlagen und bespuckt, wurde an ein Kreuz genagelt und starb, uns allen Vergebung zusprechend.

Der Gott, der in manchen Gemeinden verkündigt wird, ist ein unberechenbarer, launischer Gott und zu allen möglichen Vorurteilen fähig. Man fühlt sich gezwungen, ihn mit irgendeiner Art von Zauber zu besänftigen. Die Sonntagsgottesdienste werden dann zu einer Art »Versicherungspolice« gegen seine Launen. Dieser Gott erwartet, dass die Menschen perfekt sind, er will die ständige Kontrolle über ihre Gefühle und Gedanken. Wenn kaputte Leute mit einem solchen Gottesbild scheitern – und das geschieht natürlich unweigerlich –, dann erwarten sie normalerweise eine Strafe. Also machen sie weiter in dem Bemühen, das Bild eines perfekten Ich aufrechtzuerhalten. Dieser Kampf an sich ist schon anstrengend. Der gesetzliche Christ kann nie die Erwartungen erfüllen, die er auf Gott projiziert.

Eine verheiratete Frau mit zwei kleinen Kindern erzählte mir kürzlich, sie sei ganz sicher, dass Gott von ihr enttäuscht sei, weil sie »nichts für ihn tue«. Sie habe den Eindruck, dass sie für den Dienst in einer Suppenküche für Arme berufen sei, aber sie bringe es nicht fertig, ihre Kinder deshalb in die Obhut anderer Leute zu geben.

Sie war völlig schockiert, als ich ihr sagte, dass diese Berufung nicht von Gott komme, sondern aus ihrer eigenen, tief verwurzelten Gesetzlichkeit. Es reicht ihr nicht, eine gute Mutter zu sein. Deshalb könne es Gott nach ihrer Vorstellung auch nicht genügen.

So können uns bestimmte Bilder von Gott gefangen nehmen.

Wahrscheinlich ist ein Mensch auch ängstlich, sklavenhaft und unbeweglich in seinen Erwartungen an andere, wenn er sich Gott als jemanden vorstellt, der an einer Kanone sitzt und wahllos Breitseiten abfeuert, damit wir wissen, wer das Sagen hat. – Wenn Ihr Gott eine unpersönliche, kosmische Macht ist, dann wird Ihr Glaube unverbindlich und vage. – Das Bild von Gott als dem allmächtigen Rohling, der sich keine menschliche Eigenmächtigkeit gefallen lässt, schafft einen strengen Lebensstil, der von rigiden Regeln und Gesetzen bestimmt und von Angst beherrscht ist. Lieber will ich dem Gott vertrauen, der beharrlich liebt und der treu zuversichtliche und freie Jünger mit allem versorgt, was sie brauchen.

Unser Gottesbild prägt unser Leben. Auch deshalb weist die Bibel immer wieder darauf hin, wie wichtig es ist, Gott kennen zu lernen.

Der Prophet Jona hatte auch Vorstellungen von Gott, die nicht mit dem zusammenpassten, was dann geschah. Als die Einwohner von Ninive aufgrund seiner Predigt Buße tun und Gott ihnen vergibt, ist Jona so außer sich, dass er sterben möchte. Er will nicht, dass Gott den Menschen in Ninive vergibt; er will das Gericht. Wozu hat er diesen unangenehmen Auftrag in Ninive übernommen, wenn Gott den Leuten nach ihrer Umkehr einfach vergibt?? Diese Liebe Gottes stört ihn. Aber die Botschaft dieses prophetischen Buches weist über die Begrenztheit des Propheten hinaus. Es verkündet, wie gut Gott ist, wie sich sein Mitleiden auf jedes Geschöpf in seinem ganzen Universum erstreckt, sogar, wie es im letzten Wort des Buches heißt, auf die Tiere. *Alle* Männer und Frauen sind Menschen, um die er sich kümmert. Alle sind aufgerufen, das extravagante Geschenk seiner Gnade anzunehmen, denn Annehmen heißt nichts anderes, als sich einfach Gott zuzuwenden.

Damit konnte Jona nicht umgehen. Er verlor seine coole Haltung und wurde aschfahl, als die Rhizinusstaude, sein einziger Schutz vor der sengenden Sonne, über Nacht verdorrte. Aber er hätte ungerührt Tausende von Menschen im Unglauben sterben lassen können. Eigentlich kein schlechter Kerl; immerhin war er bereit gewesen, auf dem Meer sein Leben für die heidnischen Seeleute zu lassen. Nicht schlecht, nur kurzsichtig: Gott war *sein* Gott, der Gott der

Hebräer, nach ihren Vorstellungen eingesperrt in ein Land, einen Tempel, eine Bundeslade.

Die Theologie dieses Buches der Bibel ist ein Weckruf an das Volk Gottes sowohl des alten als auch des neuen Bundes: Denkt groß über Gott. Gottes Barmherzigkeit mit einem bußfertigen Ninive, mit Jona und seinem Selbstmitleid, sogar mit wilden Tieren, bereitet den Weg für das Evangelium der Gnade: Gott ist Liebe.

»Im Laufe der Jahre habe ich erlebt, wie Christen Gott nach ihrem Bild schufen – und immer war es ein schrecklich kleiner Gott. Manche Katholiken glauben immer noch, dass nur sie auf grünen Auen weiden werden . . . Es gibt den Gott, der eine besondere Zuneigung für das kapitalistische Amerika hat, der den Workaholic achtet; und dann gibt es den Gott, der nur die Armen und Benachteiligten liebt. Es gibt einen Gott, der mit siegreichen Armeen marschiert, und den Gott, der nur den Sanftmütigen liebt, der auch die andere Backe hinhält. Manche Leute – zu ihnen gehörte auch der ältere Bruder im Gleichnis vom verlorenen Sohn, schmollen und schimpfen, wenn der Vater eine Party für den jüngeren Sohn gibt, der seinen letzten Pfennig bei den Huren verjubelt hat. Manche weigern sich tragischerweise zu glauben, dass Gott ihnen vergeben kann und will: Meine Sünde ist zu groß.«[8]

Das ist nicht der gnädige Gott, der »will, dass alle Menschen gerettet werden« (1. Timotheus 2,4). Das ist nicht der Gott, der in Jesus Christus Mensch wurde, den Matthäus kennen gelernt hat – der Gott, der Sünder beruft. Ich muss dabei an eine wunderbare Szene aus Flannery O'Connors Kurzgeschichte »Revelation« (Offenbarung) denken, die sich auf das letzte Buch der Bibel bezieht.

Die Hauptfigur ist Mrs. Turpin, eine selbstgerechte Frau, die stolz auf ihre gute Veranlagung, auf ihre guten Taten und auf ihre Wohlanständigkeit ist. Sie hat nur wenig übrig für Schwarze und für den »weißen Abschaum«. Sie hasst Verrückte und Geisteskranke. Nachts liegt sie wach im Bett und fragt sich, wer sie wohl wäre, wenn sie nicht sie geworden wäre.

»Wenn Jesus, bevor er sie schuf, zu ihr gesagt hätte: ›Es gibt nur zwei Plätze für dich. Du kannst entweder ein Nigger sein oder zum weißen Abschaum gehören. Was willst du?‹, dann hätte sie sich erst gewunden und schließlich geantwortet: ›Also gut – dann lass mich ein Nigger sein – aber kein übler.‹ Und er hätte sie zu einer ordentlichen, sauberen, achtbaren Negerfrau gemacht, sie selbst in schwarz.«

Eines Tages geht Mrs. Turpin zum Arzt und findet sich dort im Wartezimmer unter lauter Menschen wieder, die sie verachtet. Plötzlich schlendert ein Mädchen mit Akne durch den Raum, schlägt Mrs. Turpin mit einem Buch und versucht sie zu würgen. Als schließlich die Ordnung wiederhergestellt ist, fragt Mrs. Turpin das Mädchen, als erwarte sie eine Offenbarung: »Was hast du mir zu sagen?« Das Mädchen ruft: »Geh doch wieder in die Hölle, wo du herkommst, du altes Warzenschwein!«

Mrs. Turpin ist am Boden zerstört. Ihre Welt ist zusammengebrochen. Der Gott, den sie nach ihrem Bild geschaffen hat, der immer so zufrieden war mit ihrer Frömmigkeit, ist weg.

Sie geht nach Hause, steht in ihrem Garten und starrt auf den Schweinepferch. Und dann hat sie eine Vision. Vom Boden aus führt eine glänzende, schwankende, glühend heiße Brücke von der Erde in den Himmel, und auf der Brücke »polterte eine Horde von Seelen in den Himmel. Das waren ganze Kompanien von weißem Abschaum, zum ersten Mal in ihrem Leben ganz sauber und rein, und Horden von Niggern in weißen Gewändern und Bataillone von Verrückten und Geisteskranken, die riefen und in die Hände klatschten und hüpften wie Frösche« und schließlich eine ganze Sippe von Leuten wie sie selbst, »die mit großer Würde hinter den anderen hermarschierten, wie immer verantwortlich für die gute Ordnung und den gesunden Menschenverstand und anständiges Benehmen. Sie konnte an ihren schockierten und veränderten Gesichtern sehen, dass sogar ihre Tugenden weggebrannt wurden.«

Die Geschichte endet damit, dass Mrs. Turpin in ihr Haus zurückgeht und nur noch »die Stimmen der ins Sternenfeld aufsteigenden Seelen ›halleluja‹ rufen hört.«[9]

Vielleicht verbirgt sich eine Spur von Mrs. Turpin in vielen frommen Menschen. Eine Freundin hat mir vor Jahren einmal erzählt, dass das Einzige, was ihr im Gedanken an den Himmel ein wenig Unbehagen bereite, sei, dass sie sich ihre Nachbarn am Tisch des Herrn nicht selbst aussuchen könne.

Unsere Erfahrung der bedingungslosen Liebe Gottes wird durch die Bibel geformt sein. Das geschriebene Wort Gottes kann uns genauso packen, wie das gesprochene Wort Jesaja und Jeremia, Hesekiel und Hosea ergriffen hat; wie das gesprochene Wort Jesu Matthäus und Maria Magdalena, Simon Petrus und die Frau am Jakobsbrunnen faszinierte und gefangen nahm. Das Wort, das wir studieren, wird zum Wort, das wir beten. Meine persönliche Erfahrung mit der hartnäckigen Zärtlichkeit Gottes kam nicht von Exegeten oder von den Verfassern geistlicher Bücher, sondern daher, dass ich in der Gegenwart des lebendigen Wortes still wurde und Gott anflehte, er möge mir sein geschriebenes Wort mit dem Kopf und mit dem Herzen verstehen helfen. Nur die pure Wissenschaft oder Gelehrsamkeit allein kann uns nicht das Evangelium der Gnade offenbaren. Wir dürfen nie zulassen, dass die Autorität von Büchern, Institutionen oder geistlichen Führungspersönlichkeiten die direkte, persönliche Erfahrung Jesu ersetzt. Wenn die Glaubensperspektiven anderer sich zwischen uns und die unmittelbare Erfahrung Jesu als der Christus stellt, werden wir Handelsvertreter ohne viel Überzeugungskraft, die von Dingen Prospekte verteilen, die sie noch nie ausprobiert haben.

In seiner berühmten Weihnachtspredigt aus dem Jahr 1522 rief Martin Luther aus: »O dass Gott wollte, [dass] mein und aller Lehrer Auslegung untergingen und ein jeglicher Christ selbst die bloße Schrift und lauter Gottes Wort vor sich nehme! Du siehest ja aus diesem meinem Geschwätz, wie unermesslich ungleich Gottes Worte sind gegen aller Menschen Worte, wie gar kein Mensch mag ein einziges Gottes Wort genugsam erreichen und erklären mit allen seinen Worten. Es ist ein unendlich Wort und will mit stillem Geist gefasset und betrachtet sein, wie der 83. Psalm [85,9] sagt: ›Ich will hören, was Gott selbst in mir redet.‹ Es begreift auch sonst niemand denn ein solcher stiller, betrachtender Geist. Wer dahin könnte ohne Glossieren und Auslegen kommen, dem wären mein und aller Menschen Glossieren gar nicht not, ja nur hinderlich. Darum hinein, hinein, liebe Christen, und lasst mein und aller Lehrer Auslegen nur ein Gerüst sein zum rechten Bau, dass wir das bloße, lautere Gottes Wort selbst fassen, schmecken und da bleiben; denn da wohnet Gott allein in Zion.«[10]

Der Philosoph Jaques Maritain hat einmal gesagt, dass der höchste Stand des Wissens nichts Begriffliches, sondern etwas Erfahrungsmäßiges ist: Ich spüre. So lautet die Verheißung der Bibel auch: »Seid still und wisset (erlebt, erfahrt), dass ich Gott bin« (Psalm 46,11). Meine eigene Biographie legt davon Zeugnis ab. Ich meine, dass ein lebendiger, liebender Gott seine Gegenwart spürbar und erfahrbar machen kann und das auch tut. Er kann in der Stille unseres Herzens reden und tut das auch, er kann uns wärmen und liebkosen, bis wir keinen Zweifel mehr daran haben, dass er uns nah ist, und er tut das auch. Solche Erfahrungen sind reine Gnade für die Armen, die Kinder und die Sünder, eben die privilegierten Leute im Evangelium der Gnade. Diese Erfahrungen können nicht von Gott erzwungen werden. Er gibt seine Gnade freizügig, er gibt sie und hat sie Menschen wie Mose und Matthäus gegeben, niemand lebt, dem Gott seine Gnade verweigert.

Im Wesentlichen gibt es nur eines, worum Gott uns bittet, nämlich Menschen des Gebetes zu sein, die in der Nähe Gottes leben, Leute, für die Gott alles ist und für die er genug ist. Das ist die Wurzel des Friedens. Wenn wir anfangen, etwas außer Gott zu suchen und danach zu streben, dann verlieren wir den Frieden. Thomas Merton hat in seiner letzten öffentlichen Ansprache vor seinem

Tode gesagt: »Das ist sein Ruf an uns – einfache Leute zu sein, die damit zufrieden sind, in seiner Nähe zu leben . . .«

In meinem Leben hat es eine Zeit gegeben, da wusste ich nichts von diesem gnädigen Gott und vom Evangelium seiner Gnade. Vor meiner Begegnung mit Jesus war mein Privatleben belastet von Schuld, Scham, Angst, Selbsthass und geringem Selbstbewusstsein. Ich bin Ende der dreißiger Jahre und in den Vierzigern als Katholik aufgewachsen und das, worum es immer ging, war *Sünde*. Die Sünde war überall. Sie verzehrte uns und beherrschte unser Bewusstsein. Es gab zwei Arten von Sünden: die Todsünden und die lässlichen Sünden. Eine Todsünde zu begehen hieß zu wissen, dass das, was man gerade tun, denken, wollen oder sagen wollte, wirklich schlecht war . . . man es aber trotzdem tat, dachte, wollte oder sagte.

Die meisten Dinge, die wir falsch machten, fielen in die weniger anstößige Kategorie der lässlichen Sünden. Eine lässliche Sünde zu begehen bedeutete, etwas zu tun, das eigentlich nicht ganz so schlimm war, oder etwas zu tun, von dem man *glaubte*, es sei eigentlich nicht ganz so schlimm, oder das Schlechte nicht so richtig von Herzen zu tun. War der kleine Bruder ein echter Plagegeist und sagte man ihm, er solle doch tot umfallen, dann hatte man eine lässliche Sünde begangen. Wenn man ihn erschoss, hatte man eine Todsünde begangen.

Der Unterschied zwischen den Todsünden und den lässlichen Sünden scheint offensichtlich, aber lassen Sie sich nicht täuschen – die ganze Sache ist viel komplizierter. Was war denn eigentlich richtig schlimm? Und wer entschied das? Hier eine Standardsituation, mit der jeder Katholik meiner Generation konfrontiert war: Man ist bei einem Baseballspiel im Stadion, und zwar an einem Freitagabend im Jahre 1950. Katholiken dürfen freitags kein Fleisch essen, unter Androhung der Strafe für eine Todsünde. Aber man möchte so gern einen Hotdog essen.

Jetzt nehmen wir einmal an, Fleischessen am Freitag wäre eine lässliche Sünde; Fleisch essen zu wollen ist ebenfalls eine. Man hat sich also noch nicht einmal auf seinem Sitzplatz bewegt und schon zweimal gesündigt. Was wäre, wenn man wirklich einen Hotdog gegessen hätte? Neben dem Risiko, an verbotenem Fleisch zu ersticken und somit auf der Stelle bestraft zu werden – hat man nun eigentlich eine Todsünde oder eine lässliche Sünde begangen? Nun, wenn Sie der Meinung sind, es ist eine Todsünde, dann ist es vielleicht auch eine; und wenn Sie glauben, es ist eine lässliche Sünde, kann es trotzdem eine Todsünde sein.

Nach vielem Nachdenken beschließen Sie, dass es eine lässliche Sünde ist. Ich karikiere. Sie rufen den Hotdog-Verkäufer, holen das Geld aus der Tasche und kaufen sich einen Hotdog. Das ist ganz eindeutig ein Akt des freien Willens. Sie überlegen sich, dass Sie Ihre Sünde am Samstagabend dem Priester beichten können. Aber halt! Wird eine lässliche Sünde zur Todsünde, wenn man sie ganz bewusst und absichtlich begeht? Das ist das Risiko, das Sie eingehen. Was, wenn Sie vergessen haben, dass Freitag ist? In dem Fall ist es vielleicht keine Sünde, einen Hotdog zu essen, aber es ist sehr wohl eine zu vergessen, dass Freitag ist. Was, wenn Sie erst daran denken, dass Freitag ist, wenn Sie schon den halben Hotdog verputzt haben? Ist es dann eine lässliche Sünde, ihn ganz aufzuessen? Wenn Sie den Hotdog wegwerfen, ist dann das Vergeuden von Nahrung eine Sünde?

Innerhalb von fünf Minuten haben Sie genügend Sünden begangen, um eine Million Jahre im Fegefeuer zu schmachten. Das Einfachste in diesem Fall ist, gar nicht erst ein Risiko einzugehen und sich freitags vom Stadion fern zu halten.

In jener Zeit Katholik zu sein bedeutete einen lebenslangen Kampf, um die Sünde zu vermeiden. Todsünde wie lässliche Sünde. Man wollte zwar nicht in die Hölle kommen, aber man wollte auch nicht im Fegefeuer verschmachten. Also ging man auf Nummer sicher. Man musste über jeden Gedanken, jedes Wort, jede Tat, jeden Wunsch und jede Unterlassung nachdenken. Am praktischsten und einfachsten war es, davon auszugehen, dass alles, was man gern tun wollte, Sünde war.

Rückblickend ist zwar viel von diesem Zeugs zum Brüllen komisch, aber die Schuldgefühle und die Beschämung waren schrecklich real.

An einem warmen Sommerabend im Jahre 1947 kam ich in die Pubertät. Unter der Dusche fing ich an, meinen Körper zu erforschen. Zum ersten Mal reagierte er darauf, indem es prickelte. Ich onanierte, geriet in Panik, warf mir meine Klamotten über, ohne mich abzutrocknen, raste zur Kirche am Ort und beichtete meine Sünde. Der Priester donnerte: »Was hast du getan? Weißt du, dass du dafür in die Hölle kommen kannst?« Seine Stimme dröhnte durch die volle Kirche. Ich ging gedemütigt und erschrocken heim. (Seither habe ich viele sanfte, weise und mitfühlende Beichtväter erlebt, und ein warmer Frühlingshauch bläst nach einem langen, kalten Winter durch die katholische Kirche.)

Im Laufe der Jahre hat mein zunehmendes Wissen von der radikalen Gnade zu grundlegenden Veränderungen in meiner Selbstwahrnehmung geführt. Rechtfertigung aus Gnade durch den Glauben bedeutet, dass ich mich von Gott angenommen weiß, *so wie ich bin.* Wenn mein Kopf erleuchtet und mein Herz durchdrungen ist von dieser Wahrheit, dann kann ich mich so akzeptieren, wie ich bin. Echte Selbstannahme wird nicht von der Macht positiven Denkens abgeleitet, von Gedankenspielen oder irgendwelchen populärpsychologischen Modeerscheinungen. Sie ist ein *Akt des Glaubens* an die Gnade Gottes.

Es ist mir schon mehrmals im Laufe meines Dienstes passiert, dass Leute die Angst äußerten, Selbstannahme könnte den ständigen Bekehrungsprozess beenden und zu einem geistlich trägen und moralisch laschen Lebensstil führen. Nichts könnte weiter von der Wahrheit entfernt sein! Selbstannahme bedeutet nicht, sich mit dem Ist-Zustand zufrieden zu geben. Im Gegenteil, je vollständiger wir uns annehmen können, desto besser entwickeln wir uns und wachsen. Liebe ist eine weit bessere Motivation als Drohungen oder Druck.

»Eine Heilige pflegte zu sagen, sie gehöre zu der Sorte von Frauen, die schneller Fortschritte mache, wenn sie von der Liebe gezogen werde statt von Furcht. Sie wusste, dass wir alle zu dieser Sorte Menschen gehören. Es ist möglich, zu einem hohen Maß an Heiligung des Lebens zu gelangen und trotzdem anfällig zu sein für Kleinlichkeit und Unaufrichtigkeit, Gier und Neid. Aber der erste Schritt besteht immer darin zu erkennen, dass ich so bin. Für die geistliche Entwicklung ist die Glaubensüberzeugung, dass Gott mich so liebt, wie ich bin, eine ungeheure Hilfe.«[11]

Wenn wir uns selbst so annehmen, wie wir sind, dann nimmt dadurch unser Hunger nach Macht oder nach Anerkennung ab. Wir sind dann nicht mehr ausschließlich damit beschäftigt, Macht zu haben oder beliebt zu sein. Wir haben keine Angst mehr vor Kritik, weil wir die Realität menschlicher Grenzen anerkennen. Wenn wir einmal in uns selbst ruhen, dann sind wir nicht mehr so sehr von dem Wunsch geplagt, es anderen recht zu machen und ihnen zu gefallen, weil die Ehrlichkeit uns selbst gegenüber zu dauerhaftem Frieden führt. Wir sind dankbar für das Leben und können uns selbst wertschätzen und lieben.

Dieses Kapitel begann mit einem Lobgesang auf die Macht Gottes, die in seinem Schöpfungswerk sichtbar wird. Das Evangelium der Gnade beendet jeden scheinbaren Widerspruch zwischen der Macht Gottes und seiner Liebe, denn der Schöpfungsakt ist ein Akt der Liebe. Der Gott, der dieses Universum aus dem Ärmel schüttelte, es mit Galaxien und Sternen füllte, mit Pinguinen und Papageientauchern, mit Möwen und Murmeltieren, mit Spitzen und Pudeln, mit Elefanten und Eseln, mit Katzen und Kartoffelkäfern, mit Pflaumen und Pfirsichen, und einer Welt voller Kinder, die nach seinem eigenen Bild geschaffen sind – das ist der Gott, der mit herrlicher Sturheit liebt. Und wer die Liebe erfahren hat, wird Ihnen sagen: Das Synonym für beharrlich oder stur ist keineswegs *langweilig*.

3. Das Evangelium für Außenseiter

Nachdem es das Lukasevangelium zum ersten Mal ganz durchgelesen hatte, sagte ein Mädchen: »Mann! Jesus, der hat total was übrig für Außenseiter.«

Da hatte sie nicht Unrecht.

Unverhältnismäßig viel Zeit verbrachte Jesus mit Menschen, die in den Evangelien beschrieben werden als die Armen, Blinden, Lahmen, Aussätzigen, Hungrigen, Sünder, Huren, Zöllner, Verfolgten, Betrübten, Gefangenen, von unreinen Geistern Besessenen, Mühseligen und Beladenen, als der Pöbel, der nichts von Gottes Gesetz weiß, die Menge, die Kleinen, Geringsten, Letzten, verlorenen Schafe des Hauses Israel.

Kurz, Jesus gab sich mit den Randgruppen ab. Offenbar war seine Liebe zu den Versagern und den Niemanden aber keine exklusive, andere Gruppen ausschließende Liebe – denn das hätte nur bedeutet, ein Klassenvorurteil durch ein anderes zu ersetzen. Er hatte auch herzliche und Anteil nehmende Beziehungen zu Menschen aus der Mittel- und Oberschicht, aber nicht wegen der Kontakte, über die sie verfügten, wegen ihrer finanziellen Möglichkeiten, ihrer Intelligenz oder ihrem sozialen Status, sondern weil auch sie Gottes Kinder waren. Der Begriff *arm* wird im Evangelium auf die wirtschaftlich Benachteiligten wie auf alle Unterdrückten angewandt, die von der Barmherzigkeit anderer abhängig sind; er erstreckt sich auch auf alle, die völlig auf die Gnade Gottes bauen und das Evangelium von der Gnade annehmen – die geistlich Armen (Matthäus 5,3).

Jesu Vorliebe für kleine Leute, für Außenseiter und Randgruppen ist eine unwiderlegbare Tatsache, die sich überall in den Evangelien findet. Auf Schritt und Tritt stoßen wir auf dieses merkwürdige Hingezogensein Jesu zu den Unattraktiven, diese komische Liebe zu den Ungeliebten und Unerwünschten. Der Schlüssel zu diesem Geheimnis ist natürlich Abba, sein Vater. Jesus tut das, was er den Vater tun sieht, er liebt diejenigen, die der Vater liebt.

In seiner Antwort auf die Frage der Jünger, wer denn der Größte im Reich Gottes sei (Matthäus 18,1), wischt Jesus alle Unterschiede zwischen der Elite und den gewöhnlichen Zugehörigen der Gemeinde weg. »Jesus rief ein Kind zu sich und stellte es mitten unter sie und sprach: »Wahrlich, ich sage euch: Wenn ihr nicht umkehrt und werdet wie die Kinder, so werdet ihr nicht ins Himmelreich kommen. Wer nun sich selbst erniedrigt und wird wie dies Kind, der ist der Größte im Himmelreich. Und wer ein solches Kind aufnimmt in meinem Namen, der nimmt mich auf« (Matthäus 18,2-4).

Jesus kommt zum Kern der Sache, als er das Kind auf den Schoß nimmt. Es ist unfähig zur Verstellung. Ich erinnere mich noch an den Abend, als der kleine dreijährige John in Begleitung seiner Eltern an unsere Tür klopfte. Ich sah zu ihm hinunter und sagte: »Hallo, schön dich zu sehen.« Er blickte weder nach links noch nach rechts. Sein Gesicht war wie versteinert. Er kniff die Augen zu Schlitzen zusammen, als wolle er jeden Augenblick den Revolver ziehen. »Wo sind die Kekse?«, fragte er herausfordernd.

Das Reich Gottes gehört den Leuten, die nicht versuchen, gut dazustehen oder jeden zu beeindrucken, einschließlich sich selbst. Sie machen keine Pläne, wie sie die Aufmerksamkeit auf sich ziehen können, und überlegen nicht auch noch gleichzeitig, wie ihr Verhalten ausgelegt wird oder ob sie für ihr Benehmen einen Orden bekommen. Zwanzig Jahrhunderte später spricht Jesus deutlich zu dem Möchtegern-Asketen, der in Narzissmus und geistlichem Perfektionismus gefangen ist, er spricht zu denen, die mit ihren Siegen im Weinberg prahlen, und mit denen, die über ihre Schwächen und Charakterfehler jammern und klagen. Das Kind muss sich nicht abmühen, um in die richtige Haltung für eine Beziehung zu Gott zu finden; es muss keine Erklärungen für seine Einstellung zu Jesus erfinden; es muss kein schönes Gesicht für sich selbst erfinden; es muss keinen Zustand geistlicher Gefühle oder intellektuellen Verstehens erreichen. Es braucht nichts zu tun, als fröhlich die Kekse anzunehmen: das Geschenk des Reiches Gottes. Wenn Jesus sagt, dass wir wie die Kinder werden sollen, dann lädt er uns ein zu vergessen, was hinter uns liegt. Für den kleinen John spielt die Vergangenheit keine Rolle. Was wir in der Vergangenheit auch getan haben mögen, sei es gut oder schlecht, großartig oder unerheblich, für unseren Status vor Gott heute ist das völlig irrelevant. Nur *jetzt*, in diesem Augenblick, sind wir in der Gegenwart Gottes.

Was es bedeutet, in der Treue zum Augenblick, zum Jetzt zu leben, weder sich in die Vergangenheit zurückzuziehen, noch gedanklich in der Zukunft zu leben, wird in einer Geschichte aus dem Zen-Buddhismus wunderschön veranschaulicht. Sie handelt von einem Mönch, der von einem wütenden Tiger verfolgt wird. Der Mönch rast bis an den Rand einer Klippe, dreht sich um und sieht, wie der Tiger zum Sprung ansetzt. Er entdeckt ein Seil, das über den Rand der Klippe hinabhängt. Er schnappt es sich und beginnt, an der Klippe hinunterzuklettern, um den Klauen des Tigers zu entkommen. Puuuh – das war knapp. Er schaut nach unten, wo er 150 Meter tiefer Berge von Geröll erkennen kann. Als er nach oben blickt, sieht er über sich den Tiger mit ausgestreckten Krallen in Positur stehen. Und genau in diesem Augenblick beginnen zwei Mäuse an dem Seil zu nagen. Was soll er tun? Der Mönch sieht eine Armeslänge von sich entfernt an der Felswand eine Erdbeere aus dem Fels wachsen. Er pflückt sie, isst sie und ruft aus: »Hmmm, das ist die beste Erdbeere, die ich jemals in meinem Leben gegessen habe.« Wenn er nur an das Felsgeröll unter sich gedacht hätte (die Zukunft) oder an den Tiger über sich (die Vergangenheit), dann hätte er die Erdbeere verpasst, die Gott ihm in diesem Augenblick schenken wollte. Kinder konzentrieren sich nicht auf die Tiger der Vergangenheit oder auf die Zukunft, sondern einzig und allein auf die Erdbeere, die es *hier und jetzt* gibt.

Paulus hat diesen Vergleich mit den Kindern wohl sehr gut verstanden. Als Beteiligter bei der Steinigung des Stephanus und den

Christen-Hinrichtungen hätte er später durchaus auch krank werden können. Wenn er nach seiner Hinkehr zu Jesus bei seiner nichtchristlichen Vergangenheit stehen geblieben und nicht weitergegangen wäre, wäre er aus dem Grübeln und den Selbstvorwürfen nicht mehr herausgekommen. Stattdessen schreibt er: »Ich vergesse, was dahinten ist, und strecke mich aus nach dem, was da vorne ist« (Philipper 3,13).

Welche Leistungen in der Vergangenheit wir auch gebracht haben mögen und welche Peinlichkeiten und welche Schmach aus der Vergangenheit uns auch erröten lassen – das alles ist mit Christus zusammen gekreuzigt worden und existiert nicht mehr, außer in den tiefsten Tiefen der Ewigkeit, wo das Gute zur Herrlichkeit gesteigert wird und das Schlechte auf wunderbare Weise zum Teil eines größeren Guten wird.

Es ist wichtig zu bedenken, welche Einstellung die Juden zur damaligen Zeit Kindern gegenüber hatten, um die ganze Wucht der Lehre Jesu zu erfassen. Heutzutage neigen wir dazu, die Kindheit zu idealisieren als das glückliche Alter der Unschuld, der Unbekümmertheit und des schlichten Glaubens, aber zur Zeit des Neuen Testaments wurden Kinder als völlig unwichtig betrachtet. Man war der Meinung, dass Kinder wenig Aufmerksamkeit oder Vergünstigungen verdienten. Sie hatten keinen Status – sie zählten nicht.

Das kleine Kind, das als Bild für das Reich Gottes steht, ist ein Bild für alle Mitglieder einer Gesellschaft, die einen niedrigen Status haben, wie die Armen, die Unterdrückten, die Bettler, die Prostituierten, die Zöllner – all die Leute, die Jesus oft die Kleinen oder die Geringsten nennt. Jesus kümmerte sich um sie, und es war sein Anliegen, dass diese Kleinen nicht verachtet oder als minderwertig betrachtet und behandelt wurden. »Seht zu, dass ihr nicht einen von diesen Kleinen verachtet« (Matthäus 18,10). Er wusste genau um ihre Gefühle der Beschämung und Unterlegenheit, und weil er mit ihnen fühlte, waren sie in seinen Augen besonders wertvoll. Was ihn betraf, hatten sie nichts zu befürchten, denn ihnen gehörte das Himmelreich. Auch dem Häuflein seiner Jünger, diesen kleinen, unbedeutenden Leuten, sagte er zu: »Fürchte dich nicht, du kleine Herde! Denn es hat eurem Vater wohl gefallen, euch das Reich zu geben« (Lukas 12,32).

Jesus gab den Kindern, diesen verachteten Kleinen, einen bevorzugten Platz im Reich Gottes und stellte sie den Möchtegern-Jüngern als Vorbilder hin. Man muss das Reich Gottes so annehmen, wie Kinder ihr Taschengeld in Empfang nehmen. Wenn die Kinder vor Gott privilegiert waren, dann nicht, weil sie sich dieses Privileg verdient hatten, sondern einfach weil Gott seine Freude an denen hatte, die von den Erwachsenen verachtet wurden. Die Barmherzigkeit Jesu hüllte sie ein, und zwar allein aus unverdienter Gnade, einfach weil es Gott so gefiel.

Der Lobpreis Jesu in Matthäus hat dasselbe Thema: »Ich preise dich, Vater, Herr des Himmels und der Erde, weil du dies den Weisen und Klugen verborgen hast und hast es den Unmündigen offenbart. Ja, Vater; denn so hat es dir wohl gefallen« (11,25f).

Die Schriftgelehrten wurden in der jüdischen Gesellschaft wegen ihrer Ausbildung und Gelehrsamkeit mit großer Ehrerbietung behandelt. Jeder ehrte sie wegen ihrer Weisheit und Intelligenz. Jesus sagt dagegen, dass das Evangelium von der Gnade den Ungebildeten und Unwissenden offenbart und von ihnen erfasst wird statt von den Weisen und Gelehrten. Dafür dankt er Gott. Die »Unmündigen« (griechisch *näpioi*, das bedeutet eigentlich Babys) waren das Bild für die Ungebildeten und Unwissenden.

Diese »Babys« sind genauso wie Kinder. Die Gnade Gottes fällt auf sie, weil sie »unbedeutende« Geschöpfe sind, und nicht wegen ihrer großartigen Eigenschaften. Sie mögen sich ihrer Wertlosigkeit bewusst sein, aber das ist nicht der Grund, warum ihnen etwas offenbart wird. Jesus führt ihr Glück ausdrücklich auf die Tatsache zurück, dass es dem Vater gefällt, so zu handeln. Die Gaben sind nicht bestimmt durch den geringsten persönlichen Vorzug oder irgendeine besondere Tugend. Sie werden aus purer Freude am Geben geschenkt. Ein für alle Mal macht Jesus Schluss mit jeglicher Unterscheidung zwischen den Eliten und den gewöhnlichen Gliedern der Gemeinde.

Als Jesus am Tisch im Hause des Zöllners Levi Platz nimmt, plagen ihn die Schriftgelehrten und Pharisäer mit der Frage, wieso er sich mit Gesindel einlasse. Jesus antwortet ihnen: »Ich bin gekommen, um die Sünder zu rufen und nicht die Gerechten« (Matthäus 9,13). Die Sünder, an die Jesus seine Botschaft von der Erlösung richtete, waren nicht Leute, die manchmal die Morgenandacht schwänzten oder sonntags hin und wieder einen Gottesdienst ausfallen ließen. Sein Dienst galt denen, die von der Gesellschaft als *echte* Sünder betrachtet wurden. Denen, die nichts getan hatten, um sich die Erlösung zu verdienen, die sich aber geöffnet hatten für das Geschenk, das ihnen angeboten wurde. Die Selbstgerechten dagegen setzten ihr Vertrauen auf die Werke des Gesetzes und verschlossen ihr Herz für die Botschaft von der Gnade.

Die Erlösung, die Jesus brachte, konnte man sich nicht verdienen. Es gab kein Feilschen mit Gott nach dem Motto: »Ich habe dies getan, und dafür schuldest du mir das.« Jesus macht Schluss mit dem gerichtsmäßigen Unterton, demzufolge unsere Werke eine Gegenleistung Gottes erfordern. Unsere armseligen Werke berechtigen uns nicht dazu, mit Gott zu feilschen. Alles hängt völlig von seinem Wohlwollen ab.

Das ganz entschiedene Unbehagen über das Außenseiter-Evangelium ist nicht auf eine christliche Konfession beschränkt. In allen Denominationen versuchen Christen die Gunst Gottes zu erlangen, indem sie sich in noch mehr geistliche Aktivitäten stürzen, die Anzahl der Altäre und Opfer vervielfachen, noch mehr für wohltätige Zwecke spenden, noch länger öffentlich beten und in noch mehr Organisationen, die in irgendeiner Beziehung zur Gemeinde stehen, aktiv sind.

Hier ist es notwendig, sehr sorgfältig zu unterscheiden. Es gibt

Indizien für Ernsthaftigkeit und Bemühen. Der Lebensstil des Christen ist fromm, anständig und korrekt. Aber was fehlt? Er oder sie hat sich nicht der Gnade Christi ausgeliefert.

Das Gefährliche an unseren guten Werken, unseren geistlichen Investitionen und all unseren Bemühungen besteht darin, dass wir daraus ein Bild von uns selbst zurechtzimmern können, nach dem wir dann unseren Wert bestimmen. Selbstzufriedenheit ersetzt die reine Freude an der bedingungslosen Liebe Gottes. Auf diese Weise wird durch unsere Werke das Evangelium für Außenseiter, für Sünder demontiert.

Nirgends im Neuen Testament wird die bevorzugte Stellung der Aufschneider, der Niemande und der Menschen aus den Randgruppen dramatischer offenbart, als wenn Jesus mit Menschen zusammen isst.

Heutzutage ist das Ausmaß des Skandals gar nicht mehr nachvollziehbar, den Jesus durch seine Tischgemeinschaft mit Sündern verursachte. »Wenn im Jahre 1925 ein reicher Plantagenbesitzer in Atlanta vier farbige Baumwollpflücker hochoffiziell zum Sonntagsessen auf seinem Anwesen eingeladen hätte, mit Cocktails vorweg und mehreren Stunden Brandy und Gesprächen hinterher, dann wäre der Adel von Georgia außer sich gewesen, der benachbarte Adel aus Alabama wutentbrannt und der Ku-Klux-Klan wäre vor Wut geplatzt. Vor sechzig oder siebzig Jahren war das Kastensystem im tiefen Süden Amerikas noch unverwundbar. Die soziale Ordnung und die Rassendiskriminierung war völlig starr, und Unachtsamkeit in dieser Beziehung zog unweigerlich den Verlust des guten Rufs nach sich.«[12]

Zur Zeit Jesu wurde in Israel das Klassensystem rigoros durchgesetzt. Es war gesetzlich verboten, etwas mit Sündern zu tun zu haben, die außerhalb des Gesetzes standen: Tischgemeinschaft mit Bettlern, Steuereintreibern (Verräter der nationalen Sache, weil sie von den eigenen Leuten Steuern für Rom eintrieben, um von den Gesamt-Steuereinnahmen einen Teil für sich behalten zu können) und mit Prostituierten war in religiöser, sozialer und kultureller Hinsicht tabu.

Leider ist die Bedeutung des Gemeinschaftsmahles in der christlichen Gemeinde des Westens heute weitgehend verloren gegangen. Im Nahen Osten ist gemeinsames Essen eine Friedensgarantie, eine Garantie für Vertrauen, Brüderlichkeit und Vergebung. Eine gemeinsame Mahlzeit steht für gemeinsames Leben. Wenn man zu einem orthodoxen Juden sagt: »Ich würde gern mit dir zusammen essen«, dann besagt das für ihn: »Ich möchte gerne, dass wir Freunde werden.« Selbst heutzutage wird ein amerikanischer Jude ohne weiteres mit jemandem zusammen einen Kaffee trinken und einen Berliner essen gehen, aber eine Einladung zum Abendessen auszusprechen heißt: »Bitte komm an meinen Esstisch, wo wir die heiligste und schönste Erfahrung feiern, die das Leben zu bieten hat – Freundschaft.«

Das war es, was Zachäus hörte, als Jesus ihn von seinem Baum herunterrief, und das ist der Grund, weshalb Jesu Praxis der Tischgemeinschaft schon von Beginn seines Wirkens an feindselige Bemerkungen auslöste.

Es entging der Aufmerksamkeit der Pharisäer nicht, dass Jesus sich mit dem Pöbel anfreunden wollte. Er brach nicht nur das Gesetz, sondern untergrub die Struktur der jüdischen Gesellschaft. »Als sie das sahen, murrten sie alle und sprachen: Bei einem Sünder ist er eingekehrt« (Lukas 19,7). Aber Zachäus, der es nicht unbedingt so sehr mit der Achtbarkeit hatte, war überwältigt vor Freude.

»Man kann gar nicht hoch genug einschätzen, welche Auswirkungen solche gemeinsamen Mahlzeiten auf die Armen und die Sünder gehabt haben müssen. Indem er sie als Freunde und als gleichwertig akzeptierte, nahm er ihnen ihre Beschämung, Demütigung und Schuld weg. Indem er ihnen zeigte, dass sie ihm als Menschen etwas bedeuteten, gab er ihnen ihre Würde zurück und befreite sie aus ihrer alten Gefangenschaft. Der körperliche Kontakt, den er bei Tisch mit ihnen gehabt haben muss (Johannes 13,25) und den er ihnen auch im Traum nicht verweigert hätte (Lukas 7,38-39), muss ihnen das Gefühl vermittelt haben, sauber und annehmbar zu sein. Außerdem hielt man Jesus für einen Mann Gottes und einen Propheten, und so haben sie wahrscheinlich seine Geste der Freundschaft auch als Zustimmung Gottes verstanden. Sie waren jetzt auch für Gott annehmbar. Ihre Sünde, ihre Unwissenheit und Unreinheit wurde nicht mehr angesehen und ihnen nicht mehr vorgehalten.«[13]

Durch die Tischgemeinschaft setzte Jesus die unterschiedslose Liebe Gottes in sichtbares Handeln um – eine Liebe, die bewirkt, dass seine Sonne über den guten wie über den schlechten Menschen aufgeht und dass sein Regen gleichermaßen auf ehrliche wie auf unehrliche Menschen fällt (Matthäus 5,45). Dass die Sünder an der Tischgemeinschaft teilhaben, ist der deutlichste Ausdruck für das Evangelium und die barmherzige Liebe Gottes, der Sünder erlöst.

Vielleicht wohnte Jesus in Kapernaum, möglicherweise im Haus von Petrus und dessen Familie. Es besteht kein Zweifel daran, dass er in seinem Dienst als Wanderprediger oft am Straßenrand geschlafen hat oder bei Freunden unterkam. »Der Menschensohn hat nichts, wo er sein Haupt hinlege« (Matthäus 8,20). Vielleicht haben wir diese Aussage bisher aber zu wörtlich genommen. Denkbar wäre es zumindest, dass er auch Menschen zum Essen zu sich einlud (vgl. Lukas 15,2).

In jedem Fall ist in solcher Regelmäßigkeit von gemeinsamen Mahlzeiten die Rede, dass man Jesus sogar den Vorwurf der Trunkenheit und Völlerei machte (Lukas 7,34). Auf der Gästeliste stand eine richtige »Gesindelparade« von Glücksspielern, Prostituierten, Hirten und Ganoven.

Die Leute, denen heute etwas an ihrem Status liegt und die es in dieser Hinsicht zu etwas bringen wollen, sind ausgesprochen sorgfältig bei der Auswahl der Gäste, die sie zum Essen bitten, und sie treffen umfassende Vorbereitungen (Leinentischdecke, Porzellan, frische Blumen, einen exquisiten Beaujolais, Trüffelsauce, Ente mit Honigkruste, Mousse au Chocolat usw.) für die Leute, mit denen sie sich gut stellen wollen.

»Für Jesus war diese Gemeinschaft bei Tisch mit den Menschen, die von den Frommen abgeschrieben waren, nicht nur Ausdruck von Toleranz und humanitären Gefühlen. Sie war vielmehr Ausdruck seines Auftrags und seiner Botschaft: Friede und Versöhnung für alle, ohne Ausnahme, sogar für moralische Versager.«[14]

Die Darstellung Jesu in den Evangelien ist die Darstellung eines Menschen, der das Leben und besonders andere Menschen als liebevolles Geschenk aus der Hand des Vaters ansieht. Die Menschen, denen Jesus im Laufe seines Dienstes begegnete, reagierten ganz unterschiedlich auf ihn und seine Botschaft, aber nur wenige reagierten mit Weltuntergangsstimmung oder Traurigkeit (und die das taten, waren Menschen wie beispielsweise der reiche Jüngling, die die Konsequenzen seiner Botschaft ablehnten). Die lebendige Anwesenheit Jesu weckte Freude und befreite Menschen. Freude war die typischste Auswirkung seines gesamten Dienstes an den Sündern und Außenseitern.

»Und die Jünger des Johannes und die Pharisäer fasteten viel; und es kamen einige, die sprachen zu Jesus: Warum fasten die Jünger des Johannes und die Jünger der Pharisäer, und deine Jünger fasten nicht? Und Jesus sprach zu ihnen: Wie können die Hochzeitsgäste fasten, während der Bräutigam bei ihnen ist? Solange der Bräutigam bei ihnen ist, können sie nicht fasten« (Markus 2,18-19).

Jesus feierte, während Johannes fastete. Während Johannes' Aufruf zur Umkehr im Wesentlichen ein Bußruf war, war der Ruf Jesu eine Einladung, mit ihm zu essen und zu trinken, worin der barmherzige Umgang Gottes mit Sündern sichtbar wird: Das Brot mit Jesus zu brechen, war ein Fest der guten Gemeinschaft, in der es Rettung und Umkehr gab. Askese war in der Gegenwart des Bräutigams nicht nur unangebracht, sondern schlicht undenkbar.

Die Evangelienberichte über diese Tischgemeinschaft verdeutlichen den außerordentlichen Zauber, der von dem Zimmermann-Messias ausging. Die Außenseiter entdeckten, dass ein gemeinsames Essen mit ihm eine befreiende Erfahrung reinster Freude war. Er befreite sie vom Selbsthass, er wies sie an, ihre Selbstwahrnehmung nicht mit dem zu verwechseln, wer sie wirklich waren, und er gab ihnen, was sie mehr als alles andere brauchten: Ermutigung für ihr Leben und Bestätigung mit Worten wie: Fürchte dich nicht, du kleine Herde, fürchtet euch nicht; hört auf, euch Sorgen zu machen, freut euch – alle eure Sünden sind euch vergeben.

Die ansteckende Freude Jesu (nur Infizierte können sie weitergeben) infizierte und befreite diejenigen, die ihm nachfolgten. Wenn Jesus heute Abend bei Ihnen zum Abendessen auftauchen würde, und er wüsste alles über Sie, alles, was Sie sind und was nicht, er würde Ihre ganze Lebensgeschichte kennen und wüsste über jede Leiche in Ihrem Keller Bescheid; wenn er Ihnen klar machen würde, wie Ihre Nachfolge in seinen Augen wirklich aussieht, mit den gemischten Motiven und den dunklen Sehnsüchten, die ganz tief in Ihrer Psyche vergraben sind, dann würden Sie spüren, dass er Sie annimmt und Ihnen vergibt. Denn die Liebe Gottes in Jesus Christus zu erfahren, bedeutet zu erleben, dass man vorbehaltlos angenommen und bejaht und unendlich geliebt wird, dass man sich selbst und seinen Nächsten annehmen soll. Erlösung ist Freude an Gott, die in der Freude am Nächsten ihren Ausdruck findet.

Deshalb ist es unvorstellbar, sich einen stoischen, freudlosen und richtenden Jesus mit reglosem Gesicht auszumalen, wie er mit den Sündern zusammen ist. Solche Sichtweise beraubt Jesus seiner Menschlichkeit, hüllt ihn in Gips und kommt zu dem Schluss, dass er weder gelacht noch geweint noch gelächelt hat, noch dass ihm irgendetwas weh tun konnte, sondern dass er unberührt durch unsere Welt ging, ohne gefühlsmäßig beteiligt zu sein.

Der Evangelist Markus berichtet von einer Gruppe von Eltern, die offenbar etwas von der Liebe Gottes in Jesus spürten und gern wollten, dass er ihre Kinder segnete. Die verärgerten Jünger, die müde waren vom langen Tagesmarsch von Kapernaum in Galiläa nach Judäa, versuchten die Kinder wegzuscheuchen. Jesus war darüber sichtlich ärgerlich und brachte die Jünger mit einem Blick zum Schweigen. Markus beschreibt sorgfältig, dass Jesus *ein Kind nach dem anderen* hochhob, es auf den Schoß nahm und umarmte und dann jedes Einzelne von ihnen segnete.

»Ich bin so froh, dass Jesus nicht den Vorschlag machte, die Kinder sollten sich alle zusammen aufstellen zu einer Art Gemeinschaftssegen, weil er müde sei. Stattdessen nahm er sich die Zeit, jedes Kind nah an seinem Herzen zu halten und ernsthaft für jedes von ihnen zu beten ... dann trollten sie sich alle fröhlich ins Bett. Man fühlt sich erinnert an einen wunderschönen messianischen Abschnitt aus den Propheten: ›Er wird seine Herde weiden wie ein Hirte. Er wird die Lämmer in seinem Arm sammeln und im Bausch seines Gewandes tragen und die Mutterschafe führen‹ (Jesaja 40,11). Ich glaube, dass hier jeder etwas lernen kann, der falsche Grundvoraussetzungen dafür aufstellt, *wer die Empfänger der Gnade Gottes sein sollten. Er segnete sie alle.*«[15]

Kinder haben eine wunderbare Offenheit und ein unstillbares Verlangen, vom Leben zu lernen. Diese Haltung ist wie eine offene Tür – eine herzliche Grundhaltung Mitreisenden gegenüber, die unerwartet mitten am Tag, mitten im Leben an unsere Tür klopfen. Manche sind verdreckt, heruntergekommen, zerzaust und ungepflegt. Der zivilisierte Erwachsene in mir erschaudert und zögert, ihnen Gastfreundschaft anzubieten. Möglicherweise haben sie kostbare Geschenke unter ihrer schäbigen, zerlumpten Kleidung bei sich, aber ich mag doch lieber die gepflegten, glatt rasierten Christen, die einen guten Stammbaum aufzuweisen haben und meine Sicht der Dinge teilen, die meine Gedanken wiederholen, mich streicheln und dafür sorgen, dass ich mich gut fühle. Doch mein inneres Kind protestiert: »Ich möchte neue Freunde, keine alten Spiegel.«

Wenn unser inneres Kind nicht gut versorgt und ernährt wird, verschließen wir uns gegenüber neuen Ideen, lassen uns auf nichts mehr ein, was scheinbar nichts einbringt, und übersehen die Überraschungen des Geistes. Glaube nach dem Evangelium wird eingetauscht gegen behagliche und bequeme Frömmigkeit. Das Versagen der Kräfte und das Widerstreben, Risiken einzugehen, verzerren das Bild Gottes zu dem eines Buchhalters, und das Evangelium von der Gnade wird ausgewechselt gegen die Sicherheit religiöser Abhängigkeit.

»Wenn ihr nicht werdet wie die Kinder . . .«

Burghardt schreibt: »Ich habe Angst um den Anwalt, dessen Leben einzig aus der Körperschaftssteuer besteht, um den Arzt, dessen ganze Existenz die Prostata eines anderen ausmacht, um den Manager, der sich nur seinen Aktionären gegenüber verantwortlich fühlt, und um den Profisportler, der an nichts anderes denkt als an den Korb, in dem man Bälle versenken kann. Um den Theologen, der glaubt, man könne diese Welt durch Theologie retten . . . Ein verschlossener Geist tötet Ehen und menschliche Beziehungen; er tötet Gefühle und Sensibilität ab; er ist verantwortlich für eine Kirche, die in tausendundeinem Tunnel lebt, ohne Verbindungen untereinander und ohne Ausgang.«[16]

Wenn wir so offen bleiben wie Kinder, dann hinterfragen wir festgefahrene Gedankengänge und etablierte Strukturen, auch unsere eigenen. Wir hören Menschen anderer Denominationen zu. Dann sehen wir nicht Dämonen bei denen, die anderer Meinung sind als wir. Wir fühlen uns auch zu Leuten hingezogen, die nicht unseren Jargon sprechen. Wenn wir offen sind, dann denken wir nicht eindimensional, in dem Bewusstsein, dass man Gottes Wahrheit nicht in kleinliche Definitionen sperren kann.

Der Geist Jesu ist manchmal in den unwahrscheinlichsten Zusammenhängen gegenwärtig und fehlt oft an Stellen, wo wir ihn am ehesten erwarten. Um das zu verdeutlichen, lassen Sie mich dieses Kapitel mit der Geschichte zweier Gemeinschaften abschließen, die beide von existenzieller Bedeutung für mich sind: Die eine betrifft Alkoholiker, die andere hat mit meiner Frau zu tun.

An einem schwülen Sommerabend kommen in New Orleans sechzehn trockene Alkoholiker und Drogenabhängige zu ihrem wöchentlichen Treffen der Anonymen Alkoholiker zusammen. Mehrere Mitglieder gehen während der Woche auch noch in andere Gruppen, aber dies ist sozusagen ihre Heimatgruppe. Sie treffen sich seit mehreren Jahren dienstagabends und kennen sich inzwischen recht gut. Manche telefonieren täglich miteinander, manche unternehmen auch außerhalb der Gruppentreffen etwas zusammen. Der persönliche Einsatz des Einzelnen dafür, dass der andere trocken bleibt, ist stark. Keiner macht dem anderen etwas vor. Jeder ist hier, weil er bzw. sie ein Chaos aus seinem/ihrem Leben gemacht hat und jetzt versucht, es wieder einigermaßen in Ordnung zu bringen. Jedes Treffen ist von Heiterkeit und Ernsthaftigkeit geprägt. Manche Mitglieder sind reich, andere gehören zur Mittelschicht und wieder andere sind arm. Manche rauchen, andere nicht. Die meisten trinken Kaffee. Manche haben einen Hochschul-, andere nicht einmal einen Hauptschulabschluss. Für eine kurze Stunde steigen die Hohen und Mächtigen herab und die Niederen erheben sich. Das Resultat ist Gemeinschaft.

Diesmal war Jack dran, den Abend zu leiten. »Das Thema, über das ich gern mit euch reden würde, ist Dankbarkeit«, fing er an, »aber wenn jemand gern über etwas anderes sprechen möchte, dann soll er's sagen.«

Sofort schoss Phils Zeigefinger nach oben. »Ihr wisst ja alle, dass ich letzte Woche oben in Pennsylvania war, um meine Familie zu besuchen, und dass ich deshalb auch nicht bei unserem letzten Treffen war. Ihr wisst auch alle, dass ich seit sieben Jahren trocken war. Letzten Montag habe ich mich betrunken, und ich war fünf Tage lang betrunken.«

Das einzige Geräusch in dem Raum war das Tröpfeln des Kaffees in der Kaffeemaschine.

»Wir wissen hier alle, welche Faktoren so etwas fördern können«, fuhr er fort, »pass auf, dass du nicht hungrig, wütend, einsam oder müde wirst, sonst wirst du sehr anfällig. Bei mir waren es die letzten drei Dinge. Ich habe die Flasche entkorkt und . . .«

Phil musste schlucken und senkte den Kopf. Ich schaute mich am Tisch um – feuchte Augen, Tränen des Mitgefühls.

»Mir ist genau dasselbe passiert, Phil, aber ich bin ein Jahr lang betrunken geblieben.«

»Gott sei Dank, dass du wieder da bist!«

»Mann, das hat aber sicher 'ne Menge Mut gekostet.«

»Rückfall hat mit Entlastung zu tun, Phil«, sagte der Drogenberater. »Lass uns morgen darüber reden und herausfinden, wovon du Entlastung brauchtest und warum.«

»Ich bin so stolz auf dich.«

»Mensch, ich hab es noch nicht mal annähernd geschafft, sieben Jahre trocken zu bleiben.«

Als das Treffen zu Ende war und Phil aufstand, spürte er eine Hand auf seiner Schulter, eine andere auf seinem Gesicht. Dann Küsse auf Augen, Stirn und Wange. »Du alter Penner«, sagte Denise, »komm, lass uns gehen. Ich lade dich zu einem Bananensplit ein.«

Das zweite Erlebnis ereignete sich, als meine Frau an der Universität einen Kurs in Religionspädagogik besuchte. Das war im Sommer 1981. Die Dozentin las über das theologisch-politische Milieu im Neuen Testament zu Beginn des öffentlichen Wirkens Jesu. Eine der damals vorherrschenden Glaubensgruppen waren die Pharisäer. Sie hielten sich von jedem fern, der nicht treu die 613 Gesetze des Alten Testaments befolgte. Die Pharisäer bildeten geschlossene Gemeinschaften und sahen sich als die letzten Getreuen des Volkes Israel. Ihr Name bedeutet auch »die Abgesonderten«, das heißt die Heiligen, die wahre Gemeinschaft Israels. Ihre Moral war gesetzlich. Nach ihrer Vorstellung liebte und belohnte Gott diejenigen, die das Gesetz hielten, und bestrafte diejenigen, die das nicht taten.

»Die Sünder«, so fuhr die Dozentin fort, »waren für sie sozial Geächtete. Jeder, der – aus welchem Grund auch immer – vom Gesetz und den Sitten des Mittelstandes (der Gebildeten, Tugendhaften, Schriftgelehrten und Pharisäer) abwich, wurde als minderwertig, als Unterklasse betrachtet. Die Sünder waren eine genau definierte soziale Gruppe.«

Gegen Ende der Vorlesung schlug die Dozentin vor: »Lassen Sie uns jetzt ein kleines Experiment machen. Alle Nichtraucher stehen bitte einmal auf, gehen nach links und stellen sich an der Wand auf. Die von Ihnen, die einmal geraucht, es sich aber abgewöhnt haben, bleiben in der Mitte des Raumes stehen. Diejenigen, die immer noch rauchen, stellen sich an der rechten Seite des Raumes auf.«

Dreißig Zuhörer hatten noch nie geraucht, zwölf hatten sich das Rauchen abgewöhnt, drei waren aktive Raucher. »Damals«, sagte meine Frau, »gehörte ich zur letzten Gruppe. Ich hatte das Gefühl, ausgeschlossen zu sein.«

»Lassen Sie uns jetzt über zwei Fragen sprechen«, sagte die Dozentin. »Erstens: Was halten Sie von den derzeit geltenden Regeln für das Rauchen auf dem Universitätsgelände, in Restaurants, auf Flughäfen, in der Geschäftswelt und so weiter?«

Alle drei Gruppen waren sich darin einig, dass die strengen Bestimmungen gut seien, ökologisch wichtig und vernünftig im Blick auf die Gesundheit und das Wohl anderer.

»Die zweite Frage: Was halten Sie persönlich von Rauchern?«

»Sie sind ekelhaft und gedankenlos«, sagte ein Nichtraucher.

»Anscheinend hat jeder Mensch, der raucht, ein geringes Selbstwertgefühl und ein lausiges Selbstbild«, meinte ein anderer.

»Sie haben einen schwachen Willen.«

»Schlechte Vorbilder für Teenager.«

»Ich habe ernsthafte Zweifel an ihrem Glauben.«

»Ist ihnen denn gar nicht klar, dass sie die Umwelt verpesten?«

Meine Frau erzählte: »Ich kauerte mich an der Wand zusammen und fühlte mich wie die Frau, die man beim Ehebruch ertappt hat.

Die gesamten vergangenen vier Jahre meines Studiums hatte ich mit diesen Leuten zusammen gebetet, Gott gepriesen, war mit ihnen Picknicken gewesen, hatte mit ihnen Kaffee getrunken, gelernt und geredet. Ich fühlte mich mit ihnen verbunden. Plötzlich war die Atmosphäre feindselig. Zuerst war ich wütend. Als die innere Wut sich schließlich legte, wollte ich weinen. Ich hatte mich noch nie so einsam gefühlt. Die Vorlesung war zu Ende. Schweigend verließen wir nacheinander den Raum.«

Am nächsten Tag fragte die Dozentin im Anschluss an die Vorlesung, ob jemand bereit sei mitzuteilen, welche Gefühle und Reaktionen das Experiment vom vergangenen Tag ausgelöst hätte.

»Ich habe gestern etwas über mich selbst gelernt«, sagte eine Frau, die die härtesten und am stärksten verurteilenden Äußerungen gemacht hatte, »ich möchte mehr Mitgefühl für Menschen haben, die anders sind als ich.«

»Wie haben Sie sich gestern gefühlt, Rosalyn?«, fragte die Dozentin meine Frau.

»Als ich da mit dem Rücken zur Wand stand, dachte ich: Die Leute aus der ersten Gruppe würden Steine nach uns werfen, wenn sie welche hätten. Ich habe gemerkt, wie schwer es mir fiel, sie anzusehen und zu sagen: ›Vater, vergib ihnen, denn sie wissen nicht, was sie tun.‹«

Das Experiment erreichte genau das, was die Dozentin damit beabsichtigt hatte.

Die heftigen Worte Jesu gegen die Selbstgerechtigkeit der Pharisäer klingen nach bis in die heutige Zeit. Heute sind sie nicht nur an Fromme gerichtet, die sich für besonders vorbildlich im Glauben halten. Wir missverstehen völlig, worauf Jesus hinaus wollte, wenn wir seine Worte als Waffen gegen andere benutzen. Sie sind persönlich an jeden von uns gerichtet. Das Pharisäertum unserer Tage ist sehr verbreitet und bedeutet immer Heuchelei. Diese ist keine Haltung ausschließlich von Leuten in höheren Positionen. Auch die ärmsten der Armen sind dazu fähig.

Das Evangelium für Schmuddelkinder offenbart, dass Jesus Sünden vergibt, dass er sich mit reuigen Sündern wohl fühlt, aber dass er keine Gemeinschaft haben kann und will mit Leuten, die geistlich etwas vortäuschen.

Vielleicht besteht die eigentliche Spaltung in den christlichen Gemeinden gar nicht zwischen Konservativen und Liberalen, zwischen Kreationisten und Evolutionisten, sondern zwischen den Wachen und den Schlafenden. Der Sünder kann mit Macbeth sagen: »Life's but . . . a poor player that struts and frets his hour upon the stage, and then is heard no more.« (»Leben ist nur ein wandelnd Schattenbild; ein armer Komödiant, der spreizt und knirscht sein Stündchen auf der Bühn' und dann nicht mehr.«)[17] Genau wie ein kluger Mensch weiß, dass er dumm ist, weiß ein wacher Christ, dass er ein geistliches Leichtgewicht ist.

Das Eingeständnis, dass ich mein Leben, meine Persönlichkeit und meine Erlösung einem anderen verdanke, erfordert Demut. Diese grundlegende Erkenntnis ist der erste Schritt, mit dem wir auf die Gnade reagieren.

Die Schönheit des Evangeliums für geistliche Leichtgewichte liegt in der Erkenntnis, die es über Jesus vermittelt: die tiefe Zärtlichkeit seines Herzens, seine Art, die Welt zu sehen, seine Art, mit Ihnen und mir in Beziehung zu stehen. »Wenn man einen Menschen wirklich verstehen will, dann muss man nicht nur hören, was er sagt, sondern hinschauen, was er tut.« Das Gleiche gilt, wenn wir Jesus verstehen wollen.

4. Schief sitzende Heiligenscheine

Kommt ein Mann zum Arzt und sagt: »Herr Doktor, ich habe schreckliche Kopfschmerzen, die einfach nicht aufhören wollen. Können Sie mir etwas dagegen verschreiben?«

»Das kann ich tun«, sagt der Arzt, »aber erst möchte ich doch ein paar Dinge abklären. Sagen Sie, trinken Sie viel Alkohol?«

»Alkohol?«, erwidert der Mann entrüstet. »Das widerwärtige Zeug habe ich noch nie probiert.«

»Was ist mit Rauchen?«

»Ich finde Rauchen ekelhaft. Ich habe noch nie in meinem Leben eine Zigarette angerührt.«

»Es ist mir ein bisschen peinlich, Sie das zu fragen, aber – Sie wissen schon, wie manche Männer so sind – sind Sie nachts viel unterwegs?«

»Natürlich nicht. Wofür halten Sie mich eigentlich? Ich liege jeden Abend spätestens um zehn Uhr im Bett.«

»Sagen Sie«, fuhr der Arzt fort, »diese Kopfschmerzen, sind das scharfe, stechende Schmerzen?«

»Ja«, antwortete der Mann, »ganz genau, scharf und stechend.«

»Dann ist das eine ganz einfache Sache, mein Lieber! Ihr Heiligenschein sitzt zu eng. Wir brauchen ihn nur ein wenig zu lockern.«[18]

Das Problem mit unseren Idealen besteht darin: Wenn wir sie erreichen, kann man mit uns nicht mehr leben.

Der schiefe Heiligenschein des erlösten Sünders wird dagegen locker und mit heiterer Anmut getragen. Als Sünder haben wir entdeckt, dass das Kreuz noch viel mehr vollbracht hat, als die Liebe Gottes zu offenbaren. Das Blut des Lammes zeigt die Wahrheit der Gnade: Gott hat für uns getan, was wir nicht selbst für uns tun können. Am Kreuz hat Jesus – in letztlich unerklärlicher Weise – unsere Sünden auf sich genommen, er hat unsere Stelle eingenommen und ist für uns gestorben. Am Kreuz entlarvt Jesus den Sünder nicht nur als *Bettler,* sondern als *Kriminellen* vor Gott. Jesus Christus hat unsere Sünden getragen und er hat sie *weg*getragen. Wir können die Flecken unserer Sünde nicht abwaschen, aber er ist das Lamm, das die Sünde der Welt weggetragen hat.

Der aus Gnade gerettete Sünder wird verfolgt vom Geschehen auf Golgatha, vom Kreuz, und besonders von der Frage: Warum musste Jesus sterben? Ein Schlüsselsatz dazu findet sich im Johannesevangelium: »Also hat Gott die Welt geliebt, dass er seinen eingeborenen Sohn gab, auf dass alle, die an ihn glauben, nicht verloren werden, sondern das ewige Leben haben.« Ein weiterer Hinweis ist der Ausruf von Paulus im Galaterbrief: » . . . der mich geliebt hat und sich selbst für mich dahingegeben« (Galater 2,20). Warum musste Jesus sterben? Die Antwort ist seine Liebe.

Aber diese Antwort scheint zu einfach, zu schnell. Ja, Gott hat uns gerettet, weil er uns liebt. Aber er ist Gott. Er hat unendliche Vorstellungskraft. Hätte er sich nicht eine andere Form der Erlösung ausdenken können? Hätte er uns nicht mit einem Lächeln, einem Wort der Vergebung, einem einzigen Tropfen Blut retten können? Und wenn Jesus schon sterben musste, hätte er dann nicht mit Würde in einem Bett sterben können?! Warum wurde er verurteilt wie ein Verbrecher? Warum wurde er ausgepeitscht? Warum wurde ihm eine Dornenkrone aufgesetzt? Warum wurde er ans Holz genagelt und warum musste er angstvoll in einsamer Qual sterben? Warum musste der letzte Atemzug in blutiger Schande getan werden, während die Welt, für die er im Sterben lag, seine Henker mit wilder Wut anfeuerte? Warum mussten sie ausgerechnet den Allerbesten nehmen?

Eines wissen wir ganz bestimmt – wir begreifen die Liebe Christi nicht. O ja, wir sehen einen Film und machen uns unsere Gedanken darüber, was ein junger Mann und eine junge Frau der Liebe wegen alles auf sich nehmen. Wir wissen – wenn wir nur heftig genug lieben, schlagen wir alle Vorsicht in den Wind für den einen oder die eine, die wir lieben. Aber wenn es um die Liebe Gottes geht in dem zerbrochenen, blutüberströmten Körper Jesu, dann werden wir kribbelig und sprechen über Theologie, göttliche Gerechtigkeit, Gottes Zorn und die Irrlehre der Allversöhnung.

Der gerettete Sünder wirft sich vor Gott in Anbetung zu Boden, verliert sich in Staunen und Bewunderung. Er weiß: Buße ist nicht etwas, das wir tun, um uns die Vergebung zu verdienen; sondern wir tun Buße, weil uns bereits vergeben worden ist. Buße ist Ausdruck unserer Dankbarkeit und nicht unser Bemühen um Vergebung. Die Reihenfolge ist entscheidend: zuerst Vergebung und dann Buße. Nur so kann das Evangelium der Gnade verstanden werden.

Doch viele Christen kennen ihren Gott gar nicht und verstehen sein Evangelium der Gnade nicht. Für viele sitzt Gott da oben wie ein Buddha, ungerührt, reglos und hart wie Stein. Golgatha ruft lauter als jedes Theologie-Lehrbuch: Wir kennen unseren Gott nicht. Wir haben die Wahrheit aus dem ersten Johannesbrief nicht erfasst: »Darin besteht die Liebe: nicht dass wir Gott geliebt haben, sondern dass er uns geliebt hat und gesandt seinen Sohn zur Versöhnung für unsre Sünden« (4,10). Das Kreuz offenbart, wie tief die Liebe des Vaters zu uns ist: »Niemand hat größere Liebe als die, dass er sein Leben lässt für seine Freunde« (Johannes 15,13).

Der Jünger, der aus Gnade lebt statt aus dem Gesetz, hat eine entscheidende Bekehrung erfahren – *eine Umkehr vom Misstrauen zum Vertrauen.* Das herausragende Merkmal eines Lebens aus der Gnade ist das Vertrauen in das Erlösungswerk Jesu Christi.

Zutiefst zu glauben, wie auch Jesus es tat, dass Gott gegenwärtig ist und im Leben der Menschen wirkt, heißt zu begreifen, dass ich ein geliebtes Kind dieses Vaters bin und deshalb die *Freiheit habe zu vertrauen.* Das verändert meine Beziehung zu mir selbst und zu anderen; es bedeutet für meine ganze Art zu leben einen enormen Unterschied. Dem Vater zu vertrauen, und zwar sowohl im Gebet als auch im Leben, heißt in kindlicher Offenheit vor einem Geheimnis gnädiger Liebe und grenzenlosen Angenommenseins zu stehen.

Gesetzlicher Glaube neigt dazu, Gott zu misstrauen, anderen zu misstrauen und letztlich auch sich selbst. Gestatten Sie mir, einen Augenblick lang persönlich zu werden.

Glauben Sie wirklich, dass der Vater unseres Herrn und Erlösers gnädig ist, dass ihm etwas an Ihnen liegt? Glauben Sie wirklich, dass er immer und unfehlbar als Gefährte und Helfer bei Ihnen ist? Glauben Sie wirklich, dass Gott Liebe ist?

Oder haben Sie gelernt, diesen liebenden und gnädigen Vater zu fürchten? Johannes sagt: »Furcht ist nicht in der Liebe, sondern die vollkommene Liebe treibt die Furcht aus; denn die Furcht rechnet mit Strafe. Wer sich aber fürchtet, der ist nicht vollkommen in der Liebe« (1. Johannes 4,18). Haben Sie gelernt, den Vater als Richter zu sehen, als Spion, als den, der Sie diszipliniert, als den Strafenden? Wenn Sie so denken, dann liegen Sie falsch!

Die Liebe des Vaters offenbart sich in der Liebe des Sohnes. Der Sohn ist uns gegeben, damit wir aufhören können, uns zu fürchten. In der Liebe ist keine Furcht. Der Vater hat den Sohn gesandt, »damit sie das Leben und volle Genüge haben sollen« (Johannes 10,10). Ist nicht der Sohn das unübertreffliche Zeichen des Vaters für seine Liebe und Gnade? Ist er nicht gekommen, um uns seine Anteil nehmende Fürsorge zu zeigen? (»Und wer mich sieht, der sieht den, der mich gesandt hat«, Johannes 12,45.) Es ist falsch sich vorzustellen: Der Vater ist Gerechtigkeit und der Sohn Liebe. Der Vater ist Gerechtigkeit *und* Liebe; der Sohn ist Liebe *und* Gerechtigkeit. Der Vater ist nicht unser Feind. Wenn wir das meinen, dann irren wir uns.

Der Vater ist nicht nur darauf aus, uns zu versuchen und zu prüfen. Er hat keine Freude an Leid und Schmerzen. Wenn wir das glauben, dann irren wir uns.

Jesus bringt uns die *gute* Nachricht über den Vater, nicht die schlechte.

Wir brauchen eine neue Beziehung zum Vater, die unsere Furcht, unser Misstrauen, unsere Sorge und unsere Schuldgefühle austreibt und uns erlaubt, hoffnungsvoll und froh zu sein, vertrauensvoll und mitfühlend. Wir müssen von der schlechten zur Guten Nachricht bekehrt werden, von dem Zustand, nichts zu erwarten, zu dem Zustand, etwas zu erwarten.

Jesus sagt: »Die Zeit ist erfüllt, und das Reich Gottes ist herbeigekommen. Tut Buße und glaubt an das Evangelium« (Markus 1,15). Wenden Sie sich ab von Skepsis und Verzweiflung, von Misstrauen und Zynismus, Klagen und Sorgen. Das Evangelium der Gnade ruft uns auf, vom alltäglichen Geheimnis der Vertrautheit und Nähe mit Gott zu singen, statt immer nach Wundern und Visionen zu streben. Es ruft uns auf, über die ganz normalen Erfahrungen zu staunen, wie: sich zu verlieben, die Wahrheit zu sagen, ein Kind großzuziehen, eine Schulklasse zu unterrichten, sich gegenseitig zu vergeben, wenn man einander weh getan hat, zueinander zu stehen auch in schlechten Zeiten, über Überraschungen und Zärtlichkeit, und das Strahlen des Seins.[19]

Von dieser Art ist das Himmelreich. Diese alltäglichen Begebenheiten sind die Wunder unseres Lebens, die nur echter Glaube als Wunder erkennt. Die Bekehrung vom Misstrauen zum Vertrauen ist eine zuversichtliche Suche nach dem geistlichen Sinn der menschlichen Existenz. Gnade ist reichlich vorhanden und zeigt sich immer wieder am Rande in unseren Alltagserfahrungen.

Vertrauen bedeutet, aus Gnade statt aus Werken zu leben. Vertrauen ist vergleichbar mit der Erfahrung, eine zwanzig Meter hohe Leiter hinaufzuklettern, oben anzukommen und unten jemanden rufen zu hören: »Spring!« Der Jünger, der vertraut, hat so ein kindliches Zutrauen zu seinem liebenden Vater. Vertrauen sagt: »Abba, allein durch das, was du mir durch deinen Sohn Jesus gezeigt hast, glaube ich, dass du mich liebst. Du hast mir vergeben. Du wirst mich festhalten und niemals loslassen. Deshalb vertraue ich dir mein Leben an.«

»Gnade bedeutet, dass mitten in unserem Kampf der Schiedsrichter pfeift und das Spiel zu Ende ist. Wir werden zu Siegern erklärt und zum Duschen geschickt. Es ist vorbei, wir brauchen nicht mehr keuchend und schnaufend Gottes Gunst zu verdienen. Es ist vorbei, wir brauchen nicht mehr schwitzend unseren Wert unter Beweis zu stellen. Es ist das Ende des Konkurrenzkampfes, um anderen in dem Spiel zuvorzukommen. Gnade bedeutet, dass Gott auf unserer Seite ist und wir deshalb Sieger sind, egal, wie gut wir gespielt haben. Wir können jetzt genauso gut duschen gehen und dann mit Champagner feiern.« (Donald W. McCullough)

Das Evangelium verdeutlicht: So pflichtbewusst wir auch sein mögen und so viel wir auch beten mögen – wir können uns nicht selbst retten. Was Jesus getan hat, genügt. In dem Maße, wie wir selbst gemachte Heilige sind wie die Pharisäer oder neutral wie Pilatus (und nie den Sprung ins Vertrauen wagen), lassen wir die Prostituierten und die Zöllner vor uns ins Paradies einziehen, während wir mit all unserer Tugend im Hintergrund bleiben. Die Taschendiebe und Schwindler ziehen ebenfalls vor uns ein, weil sie wissen, dass sie sich nicht selbst retten können. Sie können sich nicht selbst vorzeigbar oder liebenswert machen. Sie haben alles auf Jesus gesetzt, und weil sie wussten, dass sie es selbst nicht bringen konnten, waren sie nicht zu stolz, die wundersame Gnade anzunehmen.

Vielleicht ist das der Kern unseres Komplexes, die Wurzel unseres Dilemmas. Wir treiben hin und her zwischen Selbstbestrafung und Selbstbeweihräucherung, weil wir glauben, dass wir uns selbst retten können. Wir entwickeln ein falsches Sicherheitsgefühl aufgrund unserer guten Werke und der pingeligen Beachtung des Gesetzes. Unser Heiligenschein wird zu eng, und daraus folgt eine sorgfältig getarnte Haltung moralischer Überlegenheit. *Oder* wir sind abgestoßen von unserer Unbeständigkeit, verzweifelt, dass wir unsere eigenen Erwartungen nicht erfüllen konnten. Die Achterbahnfahrt von Hochstimmung und Depression geht weiter.

Warum ist das so? Weil wir unsere Nichtigkeit vor Gott noch nie erfasst haben und folglich noch nicht in die tiefste Realität unserer Beziehung zu ihm eintreten konnten. Wenn wir aber unsere eigene Ohnmacht und Hilflosigkeit annehmen und dazu stehen, wenn wir eingestehen, dass wir Bettler an der Tür der Gnade Gottes sind, dann macht Gott etwas Wunderschönes aus uns.

Vertrauen ist das erste Hauptmerkmal eines geretteten Sünders mit schiefem Heiligenschein, der aus der Gnade lebt. Geistliche Armut ist das zweite. Wie ist der Mensch, der in der ersten Seligpreisung von Jesus selig gesprochen wird (»Selig sind, die geistlich arm sind«)?

Vor ein paar Jahren kam am Ende einer Veranstaltung zur Gemeindeerneuerung draußen vor der Kirche ein Mann auf mich zu, murmelte: »Ich habe darüber gebetet«, schob mir einen Briefumschlag in die Tasche und ging schnell weg. Ich war schon spät dran zu einem Empfang im Gemeindesaal, also rannte ich los und vergaß den Umschlag völlig. Als ich mich abends zum Schlafengehen fertig machte, leerte ich meine Taschen aus. Dabei fiel mir der Umschlag wieder in die Hände. Ich öffnete ihn und ein Scheck über sechstausend Dollar flatterte zu Boden.

Vor der Veranstaltungsreihe zur Gemeindeerneuerung hatte ich ein paar Tage auf der Müllkippe einer Stadt in Mexiko gelebt, wo kleine Kinder, alte Männer und Frauen ihr Essen buchstäblich aus dem zehn Meter hohen Abfallberg klaubten. Jede Woche starben Kinder an Unterernährung und verseuchtem Wasser. Ich schickte den Scheck an einen Mann mit zehn Kindern, von denen drei bereits aufgrund der schrecklichen Armut und der schlimmen Lebensbedingungen gestorben waren. Wissen Sie, was der Mann tat?

Er schrieb mir innerhalb von zwei Tagen neun Briefe – Briefe, die überflossen vor Dankbarkeit und in denen er in allen Einzelheiten beschrieb, wie er das Geld ausgab, um seiner Familie und anderen Familien aus der Nachbarschaft in dem Elendsviertel zu helfen. Ich habe dadurch wunderbare Erkenntnis darüber gewonnen, wie arme Menschen sind. Wenn ein armer Mensch ein Geschenk bekommt, dann erlebt er zunächst echte Dankbarkeit und drückt sie auch aus. Weil er nichts hat, weiß er auch das kleinste Geschenk zu schätzen. Ich habe das völlig unverdiente Geschenk der Rettung durch Jesus bekommen. Ohne jegliches Verdienst meinerseits. Ich habe eine Einladung auf Vertrauensbasis zur Hochzeitsfeier im Reich Gottes bekommen und werde dort von allem die Fülle haben.

Manchmal bin ich jedoch so sehr mit mir selbst beschäftigt, dass ich anfange, Dinge zu fordern, von denen ich meine, ich hätte sie verdient. Oder ich betrachte jedes Geschenk, das ich bekomme, als Selbstverständlichkeit. Ein klassischer Fall: Ein Mann in einem Restaurant bestellt sich einen Krabbensalat. Aus Versehen bringt ihm die Kellnerin aber Schrimpssalat, worauf der verärgerte Mann brüllt: »Wo zum Teufel ist mein Krabbensalat?« Irgendwie schuldet das Leben ihm seinen Krabbensalat. Er betrachtet nicht nur den Krabbensalat als selbstverständlich, sondern auch viele andere Geschenke – das Leben, die Familie, Freunde, Begabungen.

Je tiefer wir uns vom Geist Jesu Christi prägen lassen, desto mehr merken wir, dass alles im Leben Geschenk ist. Der Grundton unseres Lebens wird ein bescheidenes, freudiges Danken. Das Wissen um unsere Armut und Unfähigkeit bringt uns dazu, uns über das Geschenk zu freuen, dass wir aus der Finsternis heraus in das wunderbare Licht berufen sind und ins Reich von Gottes geliebtem Sohn versetzt werden.

Der Jünger, der wirklich arm im Geist ist, hinterlässt im Gespräch beim anderen immer das Gefühl: »Mein Leben ist bereichert worden durch das Gespräch mit dir.« Das Leben des anderen ist wirklich bereichert und ausgezeichnet worden. Der geistlich Arme hat nicht nur von sich gegeben, er hat auch etwas angenommen. Wer weiß, dass er arm im Glauben ist, drängt sich anderen nicht auf. Er hört gut zu, weil er weiß, dass er viel von anderen lernen kann. Seine geistliche Armut macht ihn fähig, sich in die Welt des anderen hineinzuversetzen, auch wenn er sich mit dieser Welt nicht identifizieren kann; beispielsweise mit der Drogenkultur oder der Homosexuellen-Szene. Die Armen im Geist sind die Menschen, die am wenigsten richten. Sie kommen gut mit Sündern aus.

Sie haben Frieden geschlossen mit ihrem eigenen fehlerhaften Leben. Ihnen ist bewusst, dass sie nicht heil sind, sondern zerrissen. Sie wissen um die simple Tatsache, dass sie »es nicht bringen«. Sie entschuldigen dabei ihre Sünde nicht, sondern sind sich demütig der Tatsache bewusst, dass es gerade die Sünde gewesen ist, die sie dazu gebracht hat, sich auf die Barmherzigkeit des Vaters zu werfen. Sie geben nicht vor, etwas anderes zu sein, als sie sind: Sünder, die durch die Gnade gerettet sind.

Dem Menschen, der arm im Geist ist, ist klar, dass er andere nicht so liebt, wie er es sich theoretisch wünscht. Ich habe einmal sechs Wochen lang ohne Pause bei Veranstaltungen zur Gemeindeerneuerung gepredigt. Die letzte Predigt war in Downers Grove in Illinois, und am Abschlussabend war ich völlig fertig. Es waren über tausend Menschen da gewesen. Als das Abschlusslied einsetzte, das Zeichen für mich, die Kirche zu verlassen, diskutierte ich innerlich mit mir darüber, ob mein Körper eine weitere halbe Stunde Verabschiedungen und Segenswünsche in der Vorhalle durchhalten würde.

Eine anziehende Alternative bot sich. Ich konnte in die Sakristei flüchten, meinen Talar ablegen, mir einen kalten Drink schnappen, in mein Zimmer rennen und zusammenbrechen. Der Geist war willig, aber das Fleisch schwach. Schließlich betete ich um einen Blitz des Heiligen Geistes, entschied mich für die Verabschiedungen in der Halle, ließ mich darauf ein, so gut es ging, und machte dann so gegen Mitternacht Schluss.

Am nächsten Morgen fand ich am Frühstückstisch einen an mich adressierten Brief vor.

»Lieber Brennan, ich bin die ganze Woche lang bei Ihren Gemeindeerneuerungs-Veranstaltungen gewesen. Sie sind redegewandt, brillant, poetisch, scharfsinnig, ästhetisch und . . . arrogant. Als Sie gestern Abend nach dem Ende des Gottesdienstes in der Halle standen – wo war da die Liebe in Ihren Augen, mitten in all Ihrem Ruhm? Warum haben Sie die Kinder nicht in den Arm genommen? Warum haben Sie nicht mit den alten Damen geplaudert? Warum haben Sie uns nicht aus tiefster Seele angeschaut, wo Tiefe auf Tiefe trifft und Liebe auf Liebe? Mann, sind Sie blind!« Der Brief war unterzeichnet mit »Ein Spiegel«.

Offensichtlich hatte dieser Mensch etwas gebraucht, das ich nicht hatte geben können. Unter den Umständen waren seine Erwartungen vielleicht unrealistisch gewesen. Aber selbst wenn ich nicht müde bin, merke ich, dass ich nicht so liebe, wie ich eigentlich lieben sollte oder auch will. Oft fällt mir etwas Gutes ein, das ich einer Frau in der Seelsorge sagen könnte, aber erst etwa zwanzig Minuten, nachdem sie gegangen ist. Ich höre, was eine Frau sagt, und nicht, was sie eigentlich meint, und das endet dann damit, dass ich ihr einen weisen Rat für ein Problem gebe, das sie gar nicht hat. Abgelenkt durch einen störenden Anruf verließ ich meine Wohnung, um ein Referat vor Gefängnisinsassen zu halten, und begann mit der unglaublichen Begrüßung: »Schön, dass so viele von Ihnen hierher gekomen sind.«

Ja, so ist das. Häufig nicht auf Draht, die Situation nicht im Griff, nicht in Bestform. Das ist Teil unserer Armut als Menschen. Wenn wir uns selbst annehmen, ohne auf uns zu achten, dann drücken wir einfach aus, was ist. Mensch zu sein heißt arm zu sein.

Wenn Sie eine im Sinne der Bergpredigt arme Frau bitten würden, ihr Gebetsleben zu beschreiben, dann würde sie vielleicht antworten: »Zum größten Teil besteht mein Gebet darin, die Abwesenheit Gottes zu erleben in der Hoffnung auf Gemeinschaft mit ihm.« Sie macht nicht viele große Erfahrungen. Das ist auch in Ordnung so, weil es die Wahrheit ihres geistlich armen Menschseins widerspiegelt.

Aber die Erfahrung der Abwesenheit Gottes bedeutet nicht die Abwesenheit von Erfahrung. Der Soldat im Kampf beispielsweise, der während einer Gefechtspause einen Blick auf das Foto seiner Frau wirft, das er in seinem Helm befestigt hat, ist in diesem Augenblick trotz ihrer Abwesenheit näher bei ihr als bei dem Gewehr, das er in den Händen hält. Ähnlich verstehen die Armen im Geist Glaubenserfahrungen und geistliche Hochs nicht als Ziel ihrer Gebete, das Ziel ist für sie vielmehr Gemeinschaft mit Gott.

Eine der größten Erleuchtungen in der Geschichte des Gebets erzählt Teresa von Avila in ihrem Buch *Der Weg der Vollkommenheit*: »Ich kenne eine Person, die nie anders als mündlich beten konnte . . . Einmal kam sie ganz traurig zu mir und klagte, sie könne weder innerlich beten noch zur Beschauung hinfinden, sondern nur mündlich beten. Ich fragte sie, wie sie denn (mündlich) bete, und erkannte, dass sie, während sie das Vaterunser betete, in reiner Beschauung war . . . An ihren Werken war deutlich zu erkennen, dass sie so große Gnaden empfing, denn sie führte ein sehr gottgefälliges Leben. Darum pries ich den Herrn und beneidete sie um ihr mündliches Gebet.«[20]

Das Gebet der Armen im Geist kann einfach ein einzelnes Wort sein: »Vater« oder »Abba«. Aber das Wort kann einen intensiven Austausch mit Gott bedeuten. Stellen Sie sich einen kleinen Jungen vor, der versucht, seinem Vater im Haushalt zu helfen oder seiner Mutter ein Geschenk zu machen. Die Hilfe umfasst vielleicht nicht mehr, als dass er hauptsächlich im Weg steht, und das Geschenk ist vielleicht absolut nutzlos, aber die Liebe dahinter ist schlicht und rein und die liebevolle Reaktion, die sie hervorruft, ist echt und unmittelbar. Ich glaube, dass es so auch zwischen uns und dem Vater ist. Auf der tiefsten und einfachsten Ebene wollen wir nur, dass der andere glücklich ist und dass wir ihm gefallen. Unser ernsthafter Wunsch zählt weit mehr als jeder konkrete Erfolg oder jedes Scheitern. Wenn wir also versuchen zu beten, es aber nicht können, oder wenn es uns trotz eines ernst gemeinten Versuchs, Mitgefühl zu zeigen, nicht gelingt, dann berührt Gott uns als Erwiderung ganz zart. In diesem Sinne gibt es so etwas wie ein *misslungenes* Gebet gar nicht.

Ein drittes Merkmal der Menschen mit den schiefen Heiligenscheinen ist Ehrlichkeit. Wir müssen wissen, wer wir sind. Wie schwer ist es, ehrlich zu sein, zu akzeptieren, dass ich unannehmbar bin, auf Selbstrechtfertigung zu verzichten, nicht mehr so zu tun, als würden meine Gebete, meine geistlichen Erkenntnisse, mein finanzielles Opfer und meine Erfolge in meinem Dienst dazu führen, dass ich Gott besser gefalle! Keine Vorleistung macht mich in seinen Augen liebenswerter. Ich bin liebenswert, weil er mich liebt.

Ehrlichkeit ist ein so kostbares Gut, dass man sie in der Welt und in den Gemeinden nur selten findet. Ehrlichkeit erfordert es, aufrichtig Bindungen und Süchte einzugestehen, die unser Denken und unsere Aufmerksamkeit beherrschen und als falsche Götter fungieren. Ich kann süchtig sein nach Wodka oder Liebe, nach Kokain, Glücksspiel oder Beziehungen, nach Golf oder Tratsch, nach Arbeit oder Geld, Beliebtheit oder Macht. Wenn wir irgendetwas eine höhere Priorität einräumen als Gott, dann ist das Götzendienst. Deshalb treiben wir alle jeden Tag unzählige Male Götzendienst.

Wenn wir einmal das Evangelium der Gnade angenommen haben und versuchen, Abwehrmechanismen und Vorwände abzulegen, dann wird Ehrlichkeit sowohl schwieriger als auch wichtiger. Jetzt gehört zur Ehrlichkeit auch die Bereitschaft, sich der Wahrheit darüber zu stellen, wer wir sind, egal, wie bedrohlich oder unangenehm unsere Erkenntnisse auch sein mögen. Es bedeutet, dass wir jetzt auf uns selbst und auf Gott geworfen sind, wir erfahren etwas über unsere Denktricks, wie sie uns nämlich besiegen. Wir erkennen die Stellen, die wir meiden. Wir gestehen unsere Fehler ein und lernen wirklich, dass wir allein nicht damit fertig werden. Diese stetige Konfrontation mit uns selbst erfordert Stärke und Mut. Wir können unser Versagen nicht als Entschuldigung dafür benutzen, dass wir aufhören, Ehrlichkeit zu versuchen.

Ohne persönliche Ehrlichkeit kann ich leicht ein ziemlich beeindruckendes Bild von mir konstruieren. Selbstzufriedenheit ersetzt dann die Freude an Gott. Viele Menschen möchten nicht die Wahrheit über sich selbst erfahren, sondern wollen lieber in ihrer Tugendhaftigkeit bestätigt werden. Denn Selbsterkenntnis kann schmerzlich sein.

Eines Tages sagte ein Prediger zu einem Freund: »Wir haben in unserer Gemeinde gerade die größte Erweckung seit Jahren erlebt.«

»Und wie viele neue Gemeindeglieder habt ihr dazugewonnen?«

»Keine. Es sind 500 gegangen.«[21]

Lebendig zu sein heißt, zerbrochen zu sein. Und zerbrochen zu sein bedeutet, Gnade nötig zu haben. Ehrlichkeit führt uns unsere Bedürftigkeit vor Augen und erinnert uns an die Wahrheit, dass wir erlöste Sünder sind. Ehrliche Nachfolger Jesu haben eine wunderschöne Transparenz; sie tragen keine Maske und geben nicht vor, etwas anderes zu sein, als sie sind. Wenn jemand wirklich ehrlich ist (also nicht nur daran arbeitet), dann ist es eigentlich unmöglich, ihn persönlich zu kränken. Es ist nichts da, was man kränken könnte. Diejenigen, die wirklich bereit waren für das Reich Gottes, waren genau solche Leute. Ihre innere Armut des Geistes und ihre rigorose Ehrlichkeit hatten sie frei gemacht. Es waren Leute, die nichts hatten, worauf sie stolz sein konnten.

Da war in einem Dorf die Sünderin, die Jesus die Füße geküsst hatte. Sie hatte die Freiheit, das zu tun. Als Prostituierte verachtet, hatte sie die Wahrheit akzeptiert, dass sie vor Gott absolut nichts vorzuweisen hatte. Sie hatte nichts zu verlieren. Sie liebte viel, weil ihr viel vergeben worden war.

Der sogenannte Schächer am Kreuz war ein Terrorist, der eingestand, dass er die gerechte Strafe für seine Verbrechen bekam. Auch er hatte nichts, worauf er stolz sein konnte.

Der barmherzige Samariter, der als Vorbild für christliches Mitgefühl steht, war verachtet als Anhänger einer Mischreligion aus heidnischen und jüdischen Elementen. Er war bereits kultisch unrein, so dass er es sich im Unterschied zu dem Priester und dem Leviten mit ihren fest sitzenden Heiligenscheinen leisten konnte, den verletzten Mann, den die anderen für tot gehalten hatten, liebevoll zu versorgen.

Wenn wir ehrlich mit uns selbst werden, dann macht uns das nicht unannehmbar für Gott. Es entfernt uns nicht von Gott, sondern es zieht uns zu ihm hin – wie nichts anderes es vermag – und öffnet uns erneut für den Strom der Gnade. Jesus beruft uns zwar zu einem vollkommeneren Leben, aber wir können das nicht selbst erreichen. Leben heißt zerbrochen sein; zerbrochen sein heißt, Gnade nötig zu haben. Nur durch Gnade dürfen wir die Hoffnung wagen, Christus ähnlicher zu werden.

Der gerettete Sünder mit dem schiefen Heiligenschein hat sich vom Misstrauen zum Vertrauen bekehrt, ist zu einer inneren Armut des Geistes gelangt und lebt, so gut er kann, in einer konsequenten Ehrlichkeit sich selbst, anderen und Gott gegenüber.

Die Frage, die uns das Evangelium der Gnade stellt, lautet schlicht und einfach: Wer kann dich trennen von der Liebe Jesu Christi, wovor hast du Angst?

Haben Sie Angst, dass Ihre Schwäche Sie von der Liebe Christi trennen könnte? Sie kann es nicht.

Haben Sie Angst, dass Ihre innere Unzulänglichkeit Sie von der Liebe Christi trennen könnte? Sie kann es nicht.

Haben Sie Angst, dass Ihre innere Armut Sie von der Liebe Christi trennen könnte? Sie kann es nicht.

Eine schwierige Ehe, Einsamkeit, Sorgen über die Zukunft der Kinder? Das alles kann es nicht.

Ein negatives Bild von Ihnen selbst? Es kann es nicht.

Wirtschaftliche Schwierigkeiten, Rassenhass, Straßenkriminalität? Sie können es nicht.

Ablehnung oder das Leiden von Menschen, die wir lieben? Sie können es nicht.

Verfolgung durch Behörden, Gefängnisstrafe? Sie können es nicht.

Fehler, Ängste, Unsicherheiten? Sie können es nicht.

Das Evangelium der Gnade ruft aus: Nichts kann uns trennen von der Liebe Gottes, die in Jesus Christus, unserem Herrn, sichtbar geworden ist!

Davon müssen wir überzeugt sein, dem müssen wir vertrauen. Wir dürfen nie vergessen, uns daran zu erinnern. Alles wird vergehen, aber die Liebe Christi ist dieselbe gestern, heute und in Ewigkeit. Aus Glaube wird Vision, aus Hoffnung wird Gewissheit, aber die Liebe Jesu Christi, die stärker ist als der Tod, wird in Ewigkeit dauern. Am Ende ist sie das Einzige, worauf man sich verlassen und an dem man sich festhalten kann.

5. Kormorane und Küstenseeschwalben

Ein paar Jahre vor seinem Tod erlitt der bekannte Rabbiner Abraham Joshua Heschel einen Herzinfarkt. Sein engster Freund saß bei ihm am Krankenbett. Heschel war so schwach, dass er nur flüstern konnte: »Sam, ich empfinde nur Dankbarkeit für mein Leben, für jeden Augenblick, den ich gelebt habe. Ich bin bereit zu gehen. Ich habe in meinem Leben so viele Wunder gesehen.« Erschöpft von der Anstrengung des Sprechens hielt der alte Rabbiner inne. Nach einer langen Pause sagte er: »Sam, ich habe Gott nie in meinem ganzen Leben um Erfolg oder Weisheit gebeten oder um Macht oder Ruhm. Ich habe ihn darum gebeten, dass er mich zum Staunen bringt.«

Ich habe um Staunen gebeten und er hat es mir geschenkt. Ein Gleichgültiger steht vor einem Monet-Gemälde und bohrt in der Nase. Ein staunender Mensch steht davor und kämpft mit den Tränen.

Im Großen und Ganzen hat unsere Welt das Staunen verlernt. Wir sind erwachsen geworden. Wir halten nicht mehr wie früher den Atem an beim Anblick eines Regenbogens oder dem Duft einer Rose. Wir sind größer geworden und alles andere kleiner, weniger beeindruckend. Wir werden blasiert, weltgewandt und feinsinnig. Wir pflügen nicht mehr mit den Händen durchs Wasser, rufen den Sternen nichts mehr zu und schneiden dem Mond keine Grimassen mehr. Wasser ist H_2O, die Sterne sind klassifiziert, und der Mond ist nicht aus Käse. Dank Satellitenfernsehen und Düsenflugzeugen können wir Orte erreichen, die früher Leuten wie Kolumbus, Livingstone oder anderen wagemutigen Entdeckern vorbehalten waren.

Es ist noch gar nicht so lange her, da führte ein Gewitter dazu, dass erwachsene Männer erschauderten und sich winzig klein fühlten. Aber Gott wird aus dieser Welt verdrängt durch eine falsch verstandene Wissenschaft. Je mehr wir über Meteorologie wissen, desto weniger sind wir geneigt, während eines Gewitters zu beten. Flugzeuge fliegen über Gewitter hinweg, unter ihnen hindurch oder um sie herum. Satelliten bannen sie auf einfache Fotos, sie sind reduziert von einem Gotteszeichen zu einem Störfaktor!

Heschel sagt, dass wir heutzutage glauben, wir könnten alle Rätsel lösen, und alle Wunder wären nichts als »die Wirkung des Neuen auf die Ignoranz«. Gewiss kann das Neue uns in Staunen versetzen: ein Spaceshuttle, das neuste Computerspiel, die weichsten Windeln. Bis morgen, bis das Neue schon wieder alt ist, bis das Wunder von gestern ausrangiert ist oder als selbstverständlich betrachtet wird.

Abraham Heschel gelangte zu der Schlussfolgerung: »Mit dem Fortschreiten der Zivilisation verlernen wir das Staunen.« Wir sind so sehr mit uns selbst beschäftigt, mit den Worten, die wir sagen, mit den Plänen und Projekten, die wir verfolgen, dass wir immun werden gegen die Herrlichkeit der Schöpfung. Wir nehmen kaum die Wolke wahr, die am Mond vorbeischwebt, oder die Trautropfen an einem Rosenblatt. Das Eis auf dem Bach kommt und geht. Die wilden Brombeeren werden reif und vergehen. Die Amsel nistet vor dem Schlafzimmerfenster. Wir sehen sie nicht. Wir meiden Kälte und Hitze. Im Sommer schalten wir die Klimaanlage an, und im Winter verpacken wir uns in Thermokleidung. Wir harken jedes Blatt weg, sobald es gefallen ist. Wir sind so daran gewöhnt, abgepacktes Fleisch und tiefgefrorenen Fisch im Supermarkt zu kaufen, dass wir dabei nie auch nur einen Augenblick lang an die Fülle und Vielfalt der Schöpfung Gottes denken. Wir werden bequem und führen ein praktisches Leben. Aber dabei verpassen wir die Erfahrung von Ehrfurcht, Verehrung und Staunen.

Unsere Welt ist übervoll mit Gnade, und die Gegenwart Gottes wird nicht nur im Geist deutlich, sondern auch in der Materie – in einem Reh, das über eine Wiese springt, im Flug eines Adlers, in Feuer und Wasser, im Regenbogen nach einem Sommerregen, in einer sanften Brise, die durch den Wald weht, in Beethovens Neunter Symphonie, in einem Kind, das an einem Schokoladeneis leckt, in einer Frau, der der Wind durchs lange Haar streicht. Gott will, dass wir in der Welt um uns her seine liebevolle Anwesenheit bemerken.

Ein paar Jahrhunderte lang blieb die irische Kirche vom griechischen Dualismus von Geist und Materie verschont. Sie betrachtete die Welt aus der klaren Sicht des Glaubens. Als ein junger keltischer Mönch sah, wie seine Katze in einem flachen Flusslauf einen Lachs fing, rief er aus: »Die Macht des Herrn in der Pfote der Katze.«

Keltische Chroniken berichten von Seefahrermönchen auf dem Atlantik, die die Engel Gottes über den Inseln im Westen aufsteigen und niedergehen sahen und ihre Lieder hörten. Für den wissenschaftlich ausgerichteten Menschen von heute wären es nur Möwen und Papageientaucher, Kormorane und Küstenseeschwalben. Aber die Mönche lebten in einer Welt, in der alles ein an sie persönlich gerichtetes Wort Gottes war, und in der die Liebe Gottes für jeden erkennbar wurde, der auch nur den geringsten Hauch von Fantasie hatte. Wie sonst, so fragten sie sich, hätte denn Gott mit ihnen reden sollen? Die Bibel war für sie sehr kostbar, aber genauso kostbar war auch Gottes fortdauernde Offenbarung in seiner Welt der Anmut und Gnade. »Die Natur tritt durch das Auge einer Katze hervor«, sagten sie.[22] Für die Augen des Glaubens verdeutlicht jedes geschaffene Ding die Gnade und Vorsehung des Vaters.

So oft bewegen wir gläubigen Menschen uns inmitten der Schönheit und Fülle der Natur, während wir pausenlos reden. Wir verpassen die Farben, Geräusche und Gerüche. Genauso gut könnten wir auch in unseren geschlossenen, künstlich beleuchteten Wohnzimmern bleiben. Was die Natur lehrt, ist verloren, und die Chance, in stillem Staunen vor dem Gott der Schöpfung zu stehen, geht vorüber. Es gelingt uns nicht, durch die Großartigkeit einer Welt, die mit Gnade gesättigt ist, zu mehr Weite zu gelangen. Die Schöpfung beruhigt unseren belasteten Geist nicht und versetzt uns nicht mehr in Entzücken. Stattdessen erinnert sie uns an unsere irdischen Pflichten: ein Blatt vom Kalender abzureißen oder die Winterreifen aufzuziehen.

Wir müssen das Evangelium und die Welt der Gnade wieder neu entdecken. Denn »die Gnade unseres Herrn Jesus Christus und die Liebe Gottes und die Gemeinschaft des Heiligen Geistes« machen uns offen für Gottes Gegenwart um uns herum, besonders im Leben eines liebenden Menschen.

Ich denke an den Bettler in Molières *Don Juan oder der steinerne Gast*. Er sitzt an einer Straßenecke, als ein vornehmer Mann vorbeikommt. Der vorbeigehende Fremde ist der Aristokrat Don Juan, ein verbitterter Mann, dessen Vermögen ebenso hinüber ist wie sein Charakter.

»Ein Almosen um der Liebe Gottes willen«, ruft der Bettler.

Don Juan bleibt stehen, greift in seine Tasche und hält seine letzte Goldmünze über die ausgestreckte Hand des Bettlers. »Lästere Gott, und ich gebe sie dir.«

»O nein, mein Herr«, sagt der Bettler, »das würde ich niemals tun.«

Das ist mehr als ein Himmel voller Sterne, tausend Symphonien, ein Eiffelturm oder eine Mona Lisa.

Man erzählt sich eine Geschichte über Fiorello LaGuardia, der in den schlimmsten Jahren der Wirtschaftsdepression und während des gesamten Zweiten Weltkrieges Bürgermeister von New York war. Von New Yorker Bürgern, die ihn bewunderten, wurde er »die kleine Blume« genannt, weil er nur 1,60 Meter groß war und immer eine Nelke im Knopfloch trug. Er war eine mitreißende Persönlichkeit, fuhr auf den Löschwagen der New Yorker Feuerwehr mit, stürmte mit der Polizei zusammen illegale Kneipen und hob sie aus, lud ganze Waisenhäuser zu Baseball-Spielen ein und las im Radio höchstpersönlich die Witze von der Kinderseite vor, wenn die Drucker oder Redakteure in New York streikten.

An einem bitterkalten Abend im Januar 1935 tauchte der Bürgermeister im Gericht eines der ärmsten Stadtteile von New York auf. LaGuardia schickte den Dienst habenden Richter nach Hause und setzte sich selbst auf den Richterstuhl. Schon nach ein paar Minuten wurde eine alte, zerlumpte Frau vorgeführt. Die Anklage gegen sie lautete: Diebstahl eines Laibes Brot. Sie berichtete LaGuardia, dass ihr Schwiegersohn ihre Tochter verlassen habe, die Tochter krank sei und die beiden Enkelkinder hungerten. Der geschädigte Geschäftsinhaber weigerte sich jedoch, die Anzeige zurückzuziehen. »Es ist eine schlechte Gegend, Euer Ehren«, erklärte er dem Bürgermeister, »sie muss bestraft werden, damit die Leute hier eine Lektion bekommen.«

LaGuardia seufzte. Er wandte sich an die Frau und sagte: »Ich muss Sie bestrafen. Das Gesetz macht keine Ausnahmen – zehn Dollar oder zehn Tage Gefängnis.« Aber noch während er das sagte, griff er in seine Tasche, zog einen Geldschein heraus und warf ihn in seinen berühmten Sombrero mit den Worten: »Das sind die zehn Dollar Strafe, die ich hiermit übernehme. Außerdem verurteile ich jeden in diesem Gerichtssaal zu einer Strafe von 50 Cents dafür, dass er in einer Stadt lebt, in der eine Frau Brot stehlen muss, damit ihre Enkelkinder nicht zu hungern brauchen. Gerichtsdiener, sammeln Sie das Geld ein und händigen Sie es der Angeklagten aus.«

Am folgenden Tag meldeten die New Yorker Zeitungen, dass einer völlig irritierten alten Frau, die ein Brot gestohlen hatte, um es ihren hungernden Enkeln zu geben, 47,50 Dollar ausgezahlt worden seien. Davon hatte 50 Cents mit hochrotem Kopf auch der Ladenbesitzer beigetragen, während etwa 70 Anwesende, die hauptsächlich wegen Verkehrsdelikten vor Gericht standen, und die Polizisten, die sie vorgeführt hatten, jeder 50 Cents gezahlt und dann dem Richter stehend applaudiert hatten.[23]

Was für ein außerordentlicher Augenblick der Gnade für alle im Gerichtssaal Anwesenden! Im Leben eines liebenden Menschen wirkt die Gnade Gottes bis ins Unterbewusstsein. Ach, würden wir doch die Gnade Gottes für uns viel öfter erkennen.

Vor kurzem leitete ich eine dreitägige Tagung für Frauen in Virginia Beach. Es waren sechs Teilnehmerinnen. Zu Beginn der Einkehrzeit traf ich mich kurz mit jeder Frau einzeln und bat sie, doch bitte auf einen Zettel zu schreiben, welche Gnade sie sich am allermeisten von Gott wünsche.

Eine verheiratete Frau Mitte vierzig aus North Carolina, die für beeindruckend viele Menschen betete und arbeitete, erzählte mir, sie wünsche sich mehr als alles andere, einmal wirklich die Liebe Gottes zu erleben. Ich sagte ihr zu, dass ich sie im Gebet dafür unterstützen würde.

Am darauffolgenden Morgen stand die besagte Frau (ich nenne sie einmal Winky) schon vor dem Morgengrauen auf und machte einen Spaziergang am Strand, der keine fünfzig Meter von unserem Haus entfernt war. Während sie so barfuß am Strand entlangging und das kalte Wasser des Atlantiks ihr um die Füße schwappte, bemerkte sie etwa hundert Meter entfernt einen Jungen im Teenageralter und ein paar Meter dahinter eine Frau. Beide kamen ihr entgegen. Es dauerte keine Minute, da war der Junge an ihr vorbeigegangen. Aber die Frau machte plötzlich kehrt, ging direkt auf Winky zu, umarmte sie, gab ihr einen Kuss auf die Wange, flüsterte: »Ich hab dich lieb« und ging weiter. Winky hatte die Frau noch nie zuvor gesehen. Sie ging noch eine ganze Stunde lang am Strand spazieren, bevor sie ins Haus zurückkam und an meine Tür klopfte. Als ich öffnete, lächelte sie und sagte einfach nur: »Unser Gebet ist erhört worden.«

In seinem Buch *The Magnificent Defeat* (Die großartige Niederlage) schreibt Frederick Buechner: »Was wir auf jeden Fall wissen müssen, ist nicht nur, dass Gott existiert, nicht nur, dass jenseits der stählernen Helligkeit der Sterne eine kosmische Intelligenz irgendeiner Art vorhanden ist, die dafür sorgt, dass die ganze Show läuft, sondern dass es genau hier einen Gott gibt, genau hier im Dickicht unseres Alltags. Einen Gott, der vielleicht nicht unbedingt Botschaften über sich selbst in die Sterne schreibt, der aber versucht, auf die eine oder andere Weise Botschaften durch unsere Blindheit hindurchzusenden, während wir hier unten knietief im stinkenden Dreck und Elend und Staunen der Welt waten. Es ist nicht der objektive Beweis der Existenz Gottes, den wir suchen – sondern wir wünschen uns, die Gegenwart Gottes zu erfahren. Das ist das Wunder, das wir im Innersten ersehnen, und ich glaube, es ist auch das Wunder, das wir wirklich bekommen werden.«[24]

Wenn wir durch das Evangelium der Gnade leben, dann führt uns das in eine Welt, die mit der Größe Gottes gesättigt ist. Wie können wir in der Gegenwart Gottes leben? Im Staunen über all seine Spuren um uns her.

Sie sind reichlich vorhanden in Filmen, Büchern, Romanen und der Musik von heute. Wenn Gott nicht im Sturm ist, dann ist er vielleicht in einem Woody-Allen-Film oder einem Bruce Springsteen-Konzert. Die meisten Menschen verstehen Bilder und Symbole besser als Lehrsätze und Dogmen. Bilder rühren das Herz an und wecken Vorstellungen. Ein Theologe behauptet, Springsteens Album »Tunnel of Love« (Tunnel der Liebe), in dem er symbolisch über Sünde, Tod, Verzweiflung und Erlösung singt, sei für manche Katholiken wichtiger als der letzte Papstbesuch. Troubadoure sind schon immer wichtiger und einflussreicher gewesen als Theologen und Kirchenfürsten.

Familienserien, die die Zuschauer in moralischer Hinsicht erziehen wollen, sind zur Hauptsendezeit ins Fernsehprogramm geschlüpft, ohne dass es jemand überhaupt bemerkt hätte. Bill Cosby ist in vielerlei Hinsicht der einflussreichste »Religionslehrer« Amerikas. Jede Woche stellt seine Sendung einem großen Publikum lebendige und ansprechende Beispiele für Liebe vor. Diese Liebe wird sichtbar bei der Lösung familiärer Spannungen. Die Familienmitglieder sind uns inzwischen so vertraut wie unsere Nachbarn. Ohne es überhaupt zu merken, lernen wir, wie man in einer Familie liebevoll zusammen leben kann. Wir lachen über familientypische Konflikte und über die Spannungen, die durch scheinbar triviale Ereignisse ausgelöst werden, wie eine Verlobungsanzeige, ein fünfzigster Geburtstag, eine zu hohe Telefonrechnung, ein Streit zwischen Frischverliebten, der Hochzeitstag der Großeltern, die Scheidung von Freunden oder eine Schnupfenepidemie. Während wir lachen, erkennen wir, welche positiven Eigenschaften nötig sind, um Konflikte zu lösen: Geduld, Vertrauen, Sensibilität, Ehrlichkeit, Flexibilität und die Bereitschaft zu vergeben.[25]

Das Familienleben ist schon seit Beginn seiner Karriere das Material für Cosbys Humor, einem sehr liebevollen Humor. Vielleicht ist es seine Beschäftigung mit Pädagogik, die ihn nachdenklicher und bewusster mit den moralischen und geistlichen Themen umgehen lässt. Auf seine ganz eigene und besondere Art ist er schon immer ein Vermittler der Gnade Gottes gewesen.

Eine eindrückliche Begebenheit erzählt Walter Percy in seinem Roman »Der Kinogänger«. Ein Pendler befindet sich auf dem Heimweg von seiner Arbeit. Er fühlt sich unerklärlich schlecht – gemessen an den vielen Gründen, die er eigentlich hätte, sich gut zu fühlen. Plötzlich erleidet er einen schweren Herzinfarkt und wird an einem der Bahnhöfe, durch den er schon viele Male hindurchgefahren, wo er aber noch nie ausgestiegen ist, aus dem Zug herausgeholt. Als der Mann wieder zu sich kommt, befindet er sich in einem fremden Krankenhausbett und ist umgeben von Menschen, die er nicht kennt. Während er sich im Zimmer umschaut, fällt sein Blick auf die Hand, die vor ihm auf seiner Bettdecke liegt. Ihm ist, als hätte er sie bisher nie wirklich gesehen – ein außergewöhnliches Ding, das sich in diese und jene Richtung bewegen, sich öffnen und schließen kann.

Percy fährt fort, über das Erwachen des Mannes zu reden, wie von einer Offenbarung, wie von einer Erfahrung, die Theologen als »natürliche Gnade« bezeichnen würden. Durch den Herzinfarkt ist der Pendler in der Lage, sich selbst und seinem Leben auf eine Art gegenüberzutreten wie seit Jahren nicht mehr, weil er so von seinem Alltag vereinnahmt war.

Die Katastrophe bringt den Pendler zu sich selbst. Vor dem Herzinfarkt wurde er häufig von einer namenlosen Verzweiflung gepackt. Jetzt hat die Katastrophe ihn aus der Lähmung des lebendigen Toten befreit und ihn auf die Suche nach dem Sinn seines Lebens geschickt.

Percy stellt die Katastrophe als ein unsanftes Wachrütteln aus dem Schlaf dar, als kalten Lufthauch oder, wie der Pendler selbst es bezeichnet, als »gehörigen Tritt in den Arsch«. Allein die Realität des Todes hat genug Macht, Leute aus der Trägheit des Alltags herauszuholen und zu einer aktiven Suche nach dem eigentlichen Sinn des Lebens zu motivieren. Percy stürzt seine Helden in Chaos und Katastrophen, nur um darüber zu sprechen, dass die schlimmsten Zeiten die besten Zeiten sind, dass Wirbelstürme besser sind als gutes Wetter. Percys Helden überleben nicht nur die Katastrophe, sondern sie entdecken die Freiheit, zu handeln und zu sein. Der Pendler packt sein Leben beim Schopf und beginnt eine neue Existenz inmitten der Alltäglichkeit der Welt.

In diesem Roman spricht der gnädige Gott zu uns und richtet den Ruf an alle, »sich zu entscheiden zwischen Fruchtbarkeit und Stagnation, zwischen Einflussnahme oder Passivität und Warten auf den Tod«. Es ist die Sprache der Gnade, der Bekehrung, der *metanoia*, in zeitgemäße Worte gefasst, weil, wie Percy sagt, die alten Worte der Gnade entwertet worden sind.

Ob es wohl sein Roman war, der die Kolumne in unserer Tageszeitung unter dem Titel »Wenn ich mein Leben noch einmal leben könnte« inspirierte? Dort stand:

»Ich würde Freunde zum Essen einladen, auch wenn der Teppich fleckig und das Sofa zerschlissen wäre. Ich würde mit meinen Kindern auf dem Rasen sitzen und mir keine Gedanken über Grasflecke machen. Ich würde nichts mehr kaufen, nur weil es praktisch ist oder unempfindlich oder weil es garantiert ein Leben lang hält. Wenn mein Kind mich ungestüm küssen würde, würde ich niemals sagen: Später. Jetzt wasch dir die Hände, wir wollen essen. Es würde mehr ›Ich-liebe-dichs‹ geben, mehr ›Tut-mir-Leids‹, aber wenn ich ein zweites Leben bekäme, würde ich mehr als alles andere jede Minute ergreifen, sie anschauen, sie wirklich sehen und sie niemals wieder zurückgeben.«

Also wieder, mitten in unserer Tageszeitung, ein Echo der Gnade.

Jeden Augenblick unseres Lebens wachsen wir entweder mehr in etwas hinein oder ziehen uns zurück. Entweder leben wir ein bisschen mehr oder sterben ein wenig. Die Spiritualität des Staunens weiß, dass die Welt mit Gnade erfüllt ist, dass, auch wenn Sünde, Krieg, Krankheit und Tod schrecklich real sind, die liebevolle Gegenwart und Macht Gottes mitten unter uns noch realer ist.

Ich bin überrascht und hingerissen angesichts von Wundern, wie viele Menschen vor mir. Mose vor dem brennenden Busch: »Er fürchtete sich, Gott anzuschauen« (2. Mose 3,6). Stephanus, kurz bevor er gesteinigt wird: »Ich sehe den Himmel offen und den Menschensohn zur Rechten Gottes stehen« (Apostelgeschichte 7,56), und Michelangelo, der seinen aus Stein gehauenen Mose schlägt und ihm befiehlt: »Sprich!« Der ungläubige Thomas, der Gott in den Wunden Jesu entdeckt, Mutter Teresa, die das Gesicht Jesu in den gepeinigten Armen sah. Ein Kind, das einen Drachen hoch in die Luft steigen lässt. Eine Mutter, die voller Liebe ihr Neugeborenes betrachtet. Das Wunder eines ersten Kusses.

Das Evangelium der Gnade wird brutal abgewertet, wenn Christen behaupten, dass man den transzendenten Gott nur dann ehren und achten kann, wenn man die Güte, Wahrheit und die Schönheit der Dinge dieser Welt leugnet. Stattdessen sollten wir mit Staunen und Entzücken auf den Gott reagieren, der sich als Liebe offenbart hat.

Diese Liebe hat Gott dem Volk Israel schon früh offenbart. Seine Liebe war leidenschaftlich, warm und treu.

Menschliche Liebe wird immer nur ein blasser Abglanz der Liebe Gottes sein, nicht weil sie zu süßlich oder zu sentimental ist, sondern einfach weil man den Ursprung der beiden nicht vergleichen kann. Menschliche Liebe mit all ihrer Leidenschaft und all ihrem Gefühl ist ein schwaches Echo der leidenschaftlichen Liebe Gottes.

Auch in der Wüste Sinai war der Bundes-Gott treu und gerecht. Wenn Israel untreu wurde, dann brauchte nach menschlicher Logik Gott nichts mehr zu tun. Etwa so: Er sieht, dass der Vertrag gebrochen wurde, nimmt seinen Aktenkoffer und verlässt das Gerichtsgebäude. Die Beziehung ist zu Ende.

Aber wir können menschliche Logik und Gerechtigkeit nicht auf den lebendigen Gott übertragen. Menschliche Logik beruht auf menschlichen Erfahrungen und der menschlichen Natur. Gott stimmt jedoch nicht damit überein. Wenn Israel untreu ist, bleibt Gott treu, gegen jegliche Logik und über alle Grenzen der Gerechtigkeit hinaus, weil *er er ist*. Diese herrliche Irrationalität im Handeln erklärt sich nur durch seine Liebe. Liebe neigt manchmal dazu, irrational zu sein. Sie macht weiter trotz Treulosigkeit. Sie ereifert sich zu Eifersucht und Zorn – was reges Interesse verrät. Je vielschichtiger und emotionaler das Bild von Gott in der Bibel wird, desto größer wird er, und desto mehr nähern wir uns dem Geheimnis seiner Unbegreiflichkeit.

Die Liebe Gottes zieht Israel in ein tieferes Vertrauen. Die Gerechtigkeit sagt: »Ich bin dir nichts schuldig, denn du hast den Vertrag gebrochen.« Aber wo die Gerechtigkeit endet, beginnt die Liebe und offenbart, dass Gott nicht nur am Gewinn des Bundes interessiert ist. Er blickt durch den Rauchschleier guter und schlechter Taten hindurch Israel selbst an. Israel sieht voller Unbehagen auf: »Wer? Ich etwa?«

»Ja, du! Ich will keine Theorie von Beziehung. Ich will dein Herz.« Viele Menschen setzen Gott als pingeligen Zollbeamten an Kontrollschranke 40. Er durchwühlt seinen moralischen Koffer, um unsere Taten einzuordnen, und dann überreicht er uns eine Wertungskarte, auf der Tugenden und Laster gegeneinander aufgerechnet werden.

Im Buch Hosea können wir nachlesen, dass Gott bereit ist, selbst dann eine Beziehung zu seinem Volk aufrechtzuerhalten, wenn es ihn verlässt und fremden Göttern nachläuft. Eine Hure – so nennt Gott das Volk. Aber er kämpft um Israel und holt es zurück.

Diese leidenschaftliche Liebe findet sich im Neuen Testament wieder. Eine Ehebrecherin wird vor Jesus gebracht. Die religiösen Führer erwarten von Jesus, dass er diese Frau richtet. Sie ist untreu gewesen, eine Steinigung wäre nur angemessen. Gott ist doch zu allererst und am allermeisten ein Gott der Gerechtigkeit! Als Person ist die Frau entbehrlich, meinen die religiösen Führer.

In Jesus aber sehen wir das menschliche Gesicht Gottes, das mit der Offenbarung des Alten Testaments übereinstimmt. Er hat Interesse an der Frau. Seine Liebe geht über die Gerechtigkeit hinaus und erweist sich als rettende Befreiung.[26]

Ungerecht? Nach unserem Denken ja. Gott sei Dank! Ich bin wunderbar zufrieden mit einem Gott, der nicht so mit mir verfährt, wie ich es wegen meiner Sünden eigentlich verdient hätte. Am Jüngsten Tag, wenn Jesus mich bei meinem Namen ruft: »Komm, Brennan, Gesegneter meines Vaters«, dann nicht, weil der Vater gerecht ist, sondern weil sein Name Barmherzigkeit ist.

Werden wir jemals das Evangelium verstehen, die heftige Liebe Gottes, die Welt der Gnade, in der wir leben? An Jesus Christus nehmen Menschen immer wieder massiv Anstoß. Als Johannes der Täufer von Herodes eingesperrt wird, schickt er zwei seiner Anhänger, um Jesus zu fragen: »Bist du es, der da kommen soll, oder sollen wir auf einen anderen warten?« Und Jesus antwortet: »Blinde sehen und Lahme gehen, Aussätzige werden rein und Taube hören, Tote stehen auf, und Armen wird das Evangelium gepredigt; und selig ist, wer sich nicht an mir ärgert« (Matthäus 11,3+6).

Wir sollten staunen über die Güte Gottes, wir sollten verblüfft sein darüber, dass ihm etwas daran liegt, uns beim Namen zu nennen, wir sollten vor Staunen über seine große Liebe mit offenem Mund dastehen, verblüfft darüber, dass wir genau in diesem Augenblick auf geheiligtem Boden stehen.

In den Evangelien ist jedes Gleichnis über Barmherzigkeit, das Jesus erzählte, an seine Gegner gerichtet: an murrende Schriftgelehrte, grollende Pharisäer, kritische Theologen, Mitglieder des Sanhedrin, des jüdischen Gerichtshofes. Sie sind die Feinde des Evangeliums der Gnade, und sie sind entrüstet über Jesu Versicherung, dass Gott etwas an den Sündern liegt. Sie sind erzürnt darüber, dass er mit den von ihnen verachteten Menschen gemeinsam isst. Was sagt er ihnen?

Die Sünder, diese Leute, die ihr verachtet, sind Gott näher als ihr. Es sind nicht die Huren und Diebe, denen es am schwersten fällt, Buße zu tun. Ihr seid es, die ihr so sicher seid in eurer Frömmigkeit und so tut, als hättet ihr keine Umkehr nötig. Diese Außenseiter sind vielleicht dem Ruf Gottes nicht gefolgt, ihre Berufe haben sie erniedrigt, aber sie haben Reue und Buße gezeigt. Was aber wichtiger ist als all das: Sie sind die Menschen, die seine Güte zu schätzen wissen. Sie werden vor euch ins Reich Gottes kommen, denn sie haben das, was euch fehlt – eine tiefe Dankbarkeit für Gottes Liebe und ein tiefes Staunen über seine Barmherzigkeit.

Lassen Sie uns Gott um die Gabe bitten, die er dem unvergesslichen Rabbiner Abraham Joshua Heschel gab: »Lieber Herr, gewähre mir die Gnade des Staunens. Überrasche mich, versetze mich in Erstaunen, fülle mich mit Ehrfurcht über jeden Winkel deines Universums. Erfreue mich damit, dass ich sehe, wo du in Menschen gegenwärtig bist, wie dein Christus an zehntausend Orten spielt, durch die Gesichter von Menschen. Entzücke mich jeden Tag mit deinen zahllosen wunderbaren Dingen. Ich bitte dich nicht, dass ich den Grund für all das sehen kann; ich bitte dich nur, dass ich am Wunder all dessen teilhaben darf.«

6. Grazie, Signore

In seinem Buch *Mortal Lessons* (Tödliche Lektionen) schreibt ein Arzt: »Ich stehe am Bett einer jungen Frau, die eine Gesichtsoperation hinter sich hat. Ihr Mund ist clownartig verzerrt. Ein winziger Ast des Gesichtsnervs, der zu den Mundmuskeln führt, ist durchtrennt worden. Sie wird jetzt immer so aussehen. Der Chirurg hat mit fast religiöser Andacht sein Bestes gegeben; das versichere ich Ihnen. Trotzdem musste er den kleinen Nerv durchschneiden, um den Tumor in ihrer Wange zu entfernen.

Ihr junger Mann ist auch im Zimmer. Er steht an der gegenüberliegenden Seite des Bettes. Sie wirken wie eine Einheit in dem abendlichen Lampenlicht, isoliert von mir, privat, ganz für sich. Wer sind sie?, frage ich mich, er und dieser schiefe Mund, die einander so großzügig und verlangend anblicken und berühren? Die junge Frau spricht: ›Wird mein Mund immer so bleiben?‹

›Ja‹, sage ich, ›das wird er, und zwar weil ein Nerv durchtrennt wurde.‹

Sie nickt und ist still. Aber der junge Mann lächelt.

›Mir gefällt es‹, sagt er, ›es ist irgendwie süß.‹

Und plötzlich *weiß* ich, wer er ist. Ich verstehe und senke den Blick. Man ist nicht besonders kühn bei einer Begegnung mit Gott. Ohne nachzudenken beugt er sich herunter, um ihren verzerrten Mund zu küssen, und ich bin so nahe, dass ich sehen kann, wie er seine eigenen Lippen verziehen muss, damit sie auf die ihren passen, um ihr zu zeigen, dass das Küssen immer noch funktioniert.«[27]

Seit ich diesen Abschnitt gelesen habe, verfolgt mich das Bild des Mannes, der seinen Mund verzieht, um seiner Frau einen innigen Kuss zu geben. Aber irgendetwas war mir dabei entgangen, bis es eines Tages im Gebet plötzlich, explosionsartig, da war. Der zermarterte Körper des Sohnes Gottes hängt dort, dem Spott der Welt preisgegeben. Er ist ein Gotteslästerer, ein Volksverführer. Er soll in

Schande sterben. Seine Freunde sind zerstreut, seine Ehre ist vernichtet, sein Name Zielscheibe des Spotts. Er ist von seinem Gott verlassen. Absolut allein gelassen. Jagt ihn aus der heiligen Stadt hinaus und über die Eisenbahnschienen, dorthin, wo seinesgleichen hingehört! Der Außenseiter-Christus wird grob behandelt, herumgeschubst, gegeißelt und bespuckt, ermordet und begraben zwischen Leuten seines Schlages.

Um seinen Tod zu veranschaulichen, haben manche christlichen Künstler den gekreuzigten Christus mit verdrehten Augen und verzerrtem Mund dargestellt; sie malten die Blutstropfen, die aus seinen Händen, den Füßen und aus seiner Seite quollen.

1963 schenkte mir ein Freund ein teures Kruzifix. Ein französischer Künstler hatte ganz zart die Hände Jesu am Kreuz in Holz geritzt. Am Karfreitag ritzten die römischen Soldaten – und wie sie ritzten! – unseren Bruder Jesus Christus ohne Probleme. Es war keine Kunst, die Nägel mit Hämmern einzuschlagen, es war keine rote Farbe nötig, damit echtes Blut aus seinen Händen, Füßen und aus seiner Seite floss. Sein Mund und seine Lippen waren dadurch verzerrt, dass sie ihn am Kreuz hochzogen. Wir haben das Leiden Christi und seinen Tod so sehr theologisiert, dass wir sein langsames Sterben, sein Ersticken, seinen quälenden Durst gar nicht mehr wahrnehmen.

In seinem Monumentalwerk *Der gekreuzigte Gott* schreibt Jürgen Moltmann, wir hätten die Bitterkeit des Kreuzes, die Offenbarung Gottes im Kreuz Jesu Christi für uns selbst erträglich gemacht, indem wir gelernt hätten, es als Notwendigkeit für den Prozess der Erlösung zu begreifen.

Einmal schlenderten meine Frau und ich die Royal Street im französischen Viertel in New Orleans entlang. Da gibt es einen Antiquitätenladen nach dem anderen. »Kommen Sie und sehen Sie sich das an«, sagte ein Antiquitätenhändler und lud uns in seinen Laden ein. »Die Venus ist wertvoller, aber dieser gekreuzigte Elfenbein-Christus hat seine ganz eigene Schönheit, besonders auf schwarzem

Samt.« Je mehr wir ihn darstellen, desto mehr vergessen wir ihn selbst und die Qual seiner Todesstunde. Wir machen ihn aus Gold, Silber, Elfenbein, Marmor oder woraus auch immer, um uns von seinen Qualen und seinem Sterben zu befreien.

»Denn Gott hat den, der von keiner Sünde wusste, für uns zur Sünde gemacht, damit wir in ihm die Gerechtigkeit würden, die vor Gott gilt« (2. Korinther 5,21). Jede Form von Sünde und ihre Folgen, Krankheiten aller Art, Drogensucht, Alkoholismus, kaputte Beziehungen, Unsicherheit, Hass, Wollust, Stolz, Neid, Eifersucht, Krebs, Knochenkrankheiten, Arthritis und so weiter wurden erlebt und getragen von einem, der »der Allerverachtetste und Unwerteste« in den Augen der Menschen war (Jesaja 53,3), der die äußere Qual kannte wie kein anderer. »Denn Gott war in Christus und versöhnte die Welt mit sich selber und rechnete ihnen ihre Sünden nicht zu und hat unter uns aufgerichtet das Wort von der Versöhnung« (2. Korinther 5,19). Der ans Holz genagelte Christus hat unseren Schmerz in den Frieden der Gnade hineingetragen. Er hat Frieden geschaffen durch sein Blut (Kolosser 1,20).

Jesus hat die fernen Gefilde der Einsamkeit betreten. In seinem zerschundenen und gebrochenen Körper hat er Ihre und meine Sünde getragen, jede Trennung, jeden Verlust, jedes gebrochene Herz, jede seelische Wunde, die nicht heilen will, all die schmerzlichen Erfahrungen von Männern, Frauen und Kindern durch alle Zeiten hindurch.

Jesus ist Gott, der zu uns gekommen ist. Sie und ich wurden gebildet aus Lehm und dem Kuss seines Mundes. Was sollen wir zu einem solchen Meer von Liebe sagen? Wie sollen wir darauf reagieren?

Die Liebe Christi und sein Evangelium rufen auf zu einer persönlichen, freien und nicht erzwungenen *Entscheidung*. Einer hat die Initiative ergriffen und die Einladung ausgesprochen. Er ist jedoch kein ewiger Klinkenputzer, der mit Schnickschnack und Tand an den Haustüren handelt. Es ist Jesus Christus, der das Angebot des

Lebens macht: »Ich bin in die Welt gekommen als ein Licht, damit, wer an mich glaubt, nicht in der Finsternis bleibe« (Johannes 12,46).

Im Geschichten-Erzählen liegt eine außergewöhnliche Kraft, die die Fantasie anregt und einen unauslöschlichen Eindruck im Denken hinterlässt. Jesus benutzt eine Reihe von Geschichten, die auch als »Krisengleichnisse« bezeichnet worden sind. Sie sprechen eine Warnung aus, einen Aufruf zur Buße, weil es schon spät ist. Jesus sagt: »Eine Flutwelle nähert sich, und ihr albert auf der Terrasse herum und feiert Partys.« Oder wie Joachim Jeremias es formuliert: »Ihr feiert und tanzt – und der Vulkan kann jeden Augenblick losbrechen!«[28]

Die drohende Krise verbietet einen Aufschub. »So wacht nun; denn ihr wisst nicht, wann der Herr des Hauses kommt, ob am Abend oder zu Mitternacht oder um den Hahnenschrei oder am Morgen, damit er euch nicht schlafend finde, wenn er plötzlich kommt. Was ich aber euch sage, das sage ich allen: Wachet!« (Markus 13,35-37)

Im Gleichnis von der Hochzeit wird der Gast, der ohne Hochzeitskleidung erscheint, fortgejagt. »Das Feierkleid ist die Buße. Zieh es an, ehe es zu spät ist, einen Tag vor deinem Tode – heute! Die Umkehr, das ist das Gebot der Stunde.«[29]

Rom brennt, sagt Jesus. Wirf deine Fiedel weg, ändere dein Leben und komm zu mir. Wenn ein Tornado die Straße entlanggefegt kommt, dann ist das nicht der Zeitpunkt, um anzuhalten und sich am Duft der Blumen zu erfreuen. Lass die gute alte Zeit hinter dir, die es doch im Grunde nie gegeben hat – eine durchorganisierte Gemeinde, in die du nie gegangen bist, traditionelle Werte, denen du nie gefolgt bist, gesetzlicher Gehorsam, dem du nie Genüge getan hast und eine sterile Rechtgläubigkeit, die du nie akzeptiert hast. Die alte Zeit ist vorbei. Das entscheidende Eingreifen Gottes ist geschehen.

Der Mensch, der die Bedeutung dieser Situation erkennt, weiß, dass die Entscheidung keinen Aufschub duldet. Der Geschichtenerzähler ruft uns auf, keine Angst zu haben, sondern zu handeln. Klammere dich nicht an billige, bunte Glasscherben, wenn dir die Perle des großen Preises angeboten wird. Wenn die bloße Existenz eines Menschen in Gefahr ist, wenn er an der Schwelle zum moralischen Ruin steht, wenn alles auf dem Spiel steht, dann ist es an der Zeit, kühne und entschlossene Entscheidungen zu treffen.

In dem Gleichnis von den Talenten werden die drei Knechte aufgefordert, Rechenschaft darüber abzulegen, wie sie die ihnen anvertrauten Gaben genutzt haben. Die ersten beiden setzen ihre Talente risikobereit und findig ein. Der dritte, der sein Geld vorsichtig einwickelt und dann vergräbt, steht für den Christen, der seinen Glauben in einem hermetisch abgeschlossenen Behälter deponiert und den verschlossenen Deckel noch versiegelt. Er humpelt mit Hilfe von Kindheitserinnerungen an den Kindergottesdienst durchs Leben und widersteht entschlossen der Herausforderung, sich zu entwickeln und geistlich erwachsen zu werden. Weil er nicht bereit ist, Risiken einzugehen, verliert dieser Mensch das Talent, das ihm anvertraut wurde. Der Herr wollte von seinen Knechten, dass sie Risiken eingehen. Er wollte, dass sie mit seinem »Geld« spielten.

In einem Gleichnis, das für seine jüdischen Zuhörer offensichtlich provozierend war, erzählt Jesus die Geschichte eines tüchtigen Verwalters. »Es war ein reicher Mann, der hatte einen Verwalter; der wurde bei ihm beschuldigt, er verschleudere ihm seinen Besitz. Und er ließ ihn rufen und sprach zu ihm: Was höre ich da von dir? Gib Rechenschaft über deine Verwaltung; denn du kannst hinfort nicht Verwalter sein. Der Verwalter sprach bei sich selbst: Was soll ich tun? Mein Herr nimmt mir das Amt; graben kann ich nicht, auch schäme ich mich zu betteln. Ich weiß, was ich tun will, damit sie mich in ihre Häuser aufnehmen, wenn ich vom Amt abgesetzt werde. Und er rief zu sich die Schuldner seines Herrn, einen jeden für sich, und fragte den ersten: Wie viel bist du meinem Herrn schuldig? Er sprach: Hundert Eimer Öl. Und er sprach zu ihm: Nimm deinen Schuldschein, setz dich hin und schreib flugs fünfzig.

Danach fragte er den zweiten: Du aber, wie viel bist du schuldig? Er sprach: Hundert Sack Weizen. Und er sprach zu ihm: Nimm deinen Schuldschein und schreib achtzig. Und der Herr lobte den ungetreuen Verwalter, weil er klug gehandelt hatte; denn die Kinder dieser Welt sind unter ihresgleichen klüger als die Kinder des Lichts.« (Lukas 16,1-8)

Uns wird ein Mensch vorgestellt, der eine Unterschlagung begeht, um seine Spuren zu verwischen – der das Geld seines Arbeitgebers verschleudert, indem er dessen Buchhaltung manipuliert. Und Jesus lobt diesen Kriminellen auch noch!

»Weltliche« Männer und Frauen sind auf der Straße schlauer als die Jünger auf ihrer geistlichen Reise. Ungläubige beschämen uns. Ahmen Sie deren Schlauheit nach!

Jesus entschuldigt das Vorgehen des Verwalters nicht, aber er bewundert dessen Initiative. Der Mann ließ nämlich nicht einfach den tragischen Ereignissen ihren Lauf, sondern tat, was er tun musste, für ein neues Leben, so skrupellos es auch sein mochte. Ohne sich etwas vorzumachen und ohne Illusionen holt er in der ihm noch verbleibenden Zeit das Bestmögliche für sich heraus. »Der unehrliche Verwalter hört, dass er entlassen werden soll, und manipuliert die Buchhaltung seines Herrn, um dafür zu sorgen, dass er woanders einen Job bekommt. Er wird gelobt, weil er handelt. Es geht hier nicht um Moral, sondern um Apathie. Da ist ein Mann, der in einer Krise steckt und der, statt in Selbstmitleid zu versinken, erfinderisch handelt. Die Gäste, die nicht auf die Einladung zum Bankett des Königs reagieren, werden schnell abgewiesen, und es werden andere eingeladen. *Eine unmittelbare Reaktion ist die Art des Reiches Gottes.* Ein durch eine Geschichte hervorgerufener Schock spricht eine Einladung aus, die zur Entscheidung und zum Handeln führt.«[30]

Die meisten Leute vertagen eine Entscheidung in der Hoffnung, dass Jesus es irgendwann leid wird zu warten und die innere Stimme der Wahrheit eine »Stimmband-Entzündung« erleidet. So bleibt die Aufforderung der »Krisengleichnisse« unbeantwortet, und damit geht auch die Chance vorüber, dass sich eine neue Dimension für unser Leben eröffnet. Unsere Unentschlossenheit schafft mehr Probleme, als sie löst. Unentschlossenheit bedeutet, dass wir auf unbestimmte Zeit aufhören, uns weiterzuentwickeln, und einfach stecken bleiben. Das bewusste Wahrnehmen unseres Widerstandes gegen die Gnade Gottes und die Weigerung, uns seiner Liebe zu öffnen, damit er die aus uns machen kann, die wir wirklich sind, führt zu einem Gefühl der Bedrücktheit. Unser Leben zerbröselt, wird unstet, es fehlt ihm an Harmonie. Wir sind nicht im Einklang mit uns selbst. Die subjektiv empfundene Sicherheit, die ein vertrauter Ort bietet, schwindet. Wir sind gefangen zwischen Baum und Borke. Wie können wir dieses Dilemma lösen?

Wir können es gar nicht lösen. Wir können uns nicht selbst dazu bringen, die Gnade annehmen zu wollen. Es gibt keine Zauberformel, keine vorformulierten Worte oder esoterische Rituale. Nur Jesus Christus kann uns von der Unentschlossenheit befreien. Die Bibel bietet keine andere Grundlage für die Bekehrung als die persönliche Anziehungskraft des Herrn.

Eines Morgens beschließt ein junger Mann, der auf geheimnisvolle Weise von der Gnade bewegt ist, in die Stille vor Gott zu gehen, fünf Minuten lang den Mund zu halten und Gott zum Zuge kommen zu lassen. Und Jesus flüstert: »Jetzt ist der Zeitpunkt da! Die unwirkliche Welt von Talkshows und Gucci-Schuhen, Calvin-Klein-Jeans, Wachsjacken, Perserteppichen, seidener Unterwäsche und der Champions League ist vorbei. *Jetzt* ist es an der Zeit aufzuhören, hektisch wie Lancelots Pferd in alle vier Richtungen gleichzeitig zu rennen, und sich stattdessen still daran zu erinnern, dass nur eines wirklich nötig ist. Jetzt ist der Zeitpunkt gekommen für eine persönliche Entscheidung und eine kreative Antwort auf mein Wort.

Ich will dir eine kleine Geschichte erzählen. In einem Jahr brachte ein reicher Narr eine reiche Ernte ein und traf Vorkehrungen, im nächsten Jahr eine noch größere Ernte einzufahren. Er sagte zu sich selbst: ›Du bist ein guter alter Knabe. Du hast schwer gearbeitet und verdienst alles, was du bekommen kannst, damit du ein bisschen Reserve für die Zukunft hast. Nimm's leicht, iss, trink und lass es dir einfach gut gehen.‹

In dieser Nacht vernichtete mein Vater all seine Sicherheit. ›Du Narr! Heute Nacht werde ich deine Seele von dir fordern; und alles, was du gehortet hast, wer soll sich jetzt daran erfreuen?‹«

Wenn wir beim Beten auf Jesus hören, sorgt er dafür, dass wir unser Lebenstempo drosseln. Im Gebet lehrt er uns zu bedenken, wie wenig Zeit uns bleibt, und beschenkt uns mit Weisheit. Er offenbart uns, dass wir so gefangen sind in den dringenden Dingen, dass wir das Wesentliche übersehen. Er setzt unserer Unentschlossenheit ein Ende und befreit uns vom Druck falscher Termine und kurzsichtiger Ziele.

Allerdings: Unsere Reaktion auf die Liebe Gottes erfordert *Vertrauen*. Verlassen wir uns lieber auf unsere eigenen Schlussfolgerungen oder auf das Evangelium der Gnade? Wie gehen wir mit Versagen um? »Die Gnade sagt uns, dass wir angenommen sind, genau so, wie wir sind. Wir mögen zwar nicht die Art von Leuten sein, die wir gern wären, wir mögen weit von unseren Zielen entfernt sein, wir mögen mehr Flops als Leistungen vorzuweisen haben, wir mögen nicht reich, mächtig oder geistlich, ja wir mögen noch nicht einmal glücklich sein. Trotzdem sind wir von Gott angenommen, von seinen Händen gehalten. So lautet sein Versprechen an uns in Jesus Christus, ein Versprechen, auf das wir uns verlassen können.« (McCullough)

Wer das Gefühl hat, sein Leben sei für Gott eine große Enttäuschung, braucht ein enormes Vertrauen und eine unbekümmerte, starke Gewissheit, um zu akzeptieren, dass die Liebe Jesu zu ihm auch nicht den Hauch einer Veränderung oder Abschwächung kennt. Als Jesus sagte: »Kommt her zu mir alle, die ihr mühselig und beladen seid«, da ging er von der Annahme aus, dass wir unterwegs müde, mutlos und unsicher werden könnten. Diese Worte sind ein rührendes Zeugnis für das echte Menschsein Jesu. Er hatte keine romantische Vorstellung davon, was Nachfolge kostet. Er wusste, dass ihm nachzufolgen so unsentimental war wie Pflicht, so fordernd wie Liebe. Er wusste, dass körperliche Schmerzen, der Verlust geliebter Menschen, Versagen, Einsamkeit, Ablehnung, Verlassenwerden und Verrat uns schwächen würden; dass der Tag kommen würde, an dem der Glaube keine Antriebskraft mehr bilden würde, keine Bestätigung und keinen Trost; dass dem Gebet jedes Gefühl von Wirklichkeit oder Fortschritt fehlen würde, dass wir den Ausruf von Teresa von Avila nachvollziehen könnten: »Herr, wenn das die Art ist, wie du mit deinen Freunden umgehst, dann ist es kein Wunder, dass du so wenige hast!«

»Denn wir haben nicht einen Hohenpriester, der nicht könnte mit leiden mit unserer Schwachheit, sondern der versucht worden ist in allem wie wir, doch ohne Sünde. Darum lasst uns hinzutreten mit Zuversicht zu dem Thron der Gnade, damit wir Barmherzigkeit empfangen und Gnade finden zu der Zeit, wenn wir Hilfe nötig haben.« (Hebräer 4,15-16)

Ein Dichter hat geschrieben: »Das Verlangen geliebt zu werden ist die letzte Illusion: Lass es los, und du bist frei.« Genauso wie ein Sonnenaufgang des Glaubens einen Sonnenuntergang unseres ehemaligen Unglaubens voraussetzt, so setzt die Morgendämmerung unseres Vertrauens auch das Loslassen des von uns ersehnten geistlichen Trostes und konkreter Bestätigung voraus. Vertrauen auf die Barmherzigkeit einer Antwort, die es erhält, ist falsches Vertrauen. Alles ist Ungewissheit und Sorge. In zitternder Unsicherheit bettelt der Jünger um Beweise der Zuneigung seines Herrn. Wenn er diese Beweise nicht erhält, ist er frustriert, und in ihm keimt der Verdacht, dass seine Beziehung zu Jesus jetzt vorbei ist oder vielleicht sogar nie existiert hat.

Wenn dieser Mensch Trost empfängt, dann hat er jedoch nur eine Zeit lang Gewissheit. Er drängt auf mehr Beweise – von denen dann jeder weniger überzeugend ist als der vorhergehende. Am Ende stirbt die Notwendigkeit des Vertrauens an reiner Frustration. Was ein solcher Jünger Jesu nicht gelernt hat, ist, dass greifbare Bestätigungen, so kostbar sie auch sein mögen, kein Vertrauen schaffen können, es auch nicht aufrechterhalten oder gar eine Garantie für Vertrauen sein können. Jesus ruft uns dazu auf, ihm unser autonomes Selbst in unerschütterlichem Vertrauen auszuliefern. Wenn das Verlangen nach Bestätigung gebremst wird, dann entsteht Vertrauen.

Das Geheimnis der Himmelfahrt Jesu enthält eine wichtige Lektion. Jesus sagte zu seinen Jüngern: »Aber ich sage euch die Wahrheit: Es ist gut für euch, dass ich weggehe« (Johannes 16,7). Warum sagt er das? Wieso konnte das Weggehen Jesu den Jüngern nutzen? Solange er auf der Erde lebte, bestand die Gefahr, dass sie die Glaubensgewissheit aufgaben und sich auf die greifbaren und sichtbaren Beweise verließen. Jesus körperlich vor sich zu haben, war gut, aber: »Selig sind, die nicht sehen und doch glauben« (Johannes 20,29). Seit Himmelfahrt waren also auch die Jünger darauf angewiesen zu vertrauen.

Vertrauen lenkt unsern Blick von uns fort auf Gott. Wenn wir in Schuldgefühlen, Reue und Scham über wirkliche oder eingebildete Sünden der Vergangenheit schwelgen, dann verstellen wir uns den Blick auf Gottes Geschenk der Gnade. Sich ständig mit sich selbst zu beschäftigen, ist immer ein wesentlicher Faktor bei unguten Schuldgefühlen und Selbstvorwürfen. Es heizt die Emotionen an, rührt sie in selbstzerstörerischer Weise auf und schließt uns in der gewaltigen Festung unseres Ichs ein. Es führt zu Depressionen und Verzweiflung und unterwandert die Gegenwart eines mitfühlenden Gottes. Die Sprache unguter Schuldgefühle ist barsch. Sie ist fordernd, kritisierend, ablehnend, anklagend, verurteilend und tadelnd. Es ist eine Sprache der Ungeduld und Bestrafung. Christen sind schockiert und entsetzt, weil sie versagt haben. Ungute Schuldgefühle werden größer als das Leben selbst. Schuld wird zu einer Erfahrung, in der Menschen das Gefühl haben, der Himmel falle auf sie herab.

Ja, wir empfinden Schuldgefühle wegen unserer Sünden, aber gesunde, gute Schuldgefühle sind so, dass man Fehler eingesteht, Reue empfindet, aber dann auch frei ist, die angebotene Vergebung anzunehmen. Gesundes Schuldempfinden konzentriert sich darauf, dass man feststellt: Alles ist vergeben; der etwas falsch gemacht hat, ist erlöst.

»Wir haben alle unsere Schattenseiten und unsere Leichen im Keller, aber es gibt in dieser Welt etwas Größeres als uns, und dieses Größere ist voller Gnade und Barmherzigkeit, Geduld und Einfallsreichtum. In dem Augenblick, wo der Brennpunkt Ihres Lebens sich vom Schlechten zu Gottes Güte hin verlagert und die Frage jetzt nicht mehr lautet: ›Was habe ich getan?‹, sondern ›Was kann er tun?‹, können Sie von Selbstbezichtigungen befreit werden; Wunder aller Wunder, Sie können sich selbst vergeben, und Ihnen ist vergeben, Sie können sich annehmen, weil Sie angenommen sind, und Sie können anfangen, die Dinge wieder aufzubauen, die Sie einmal abgerissen haben. Es gibt Gnade, die in jeder problematischen Situation hilft. Diese Gnade ist das Geheimnis der Fähigkeit, sich selbst zu vergeben. Vertrauen Sie ihr.«[31]

Vielleicht kennen Sie folgende Geschichte: Vor vier Jahren kursierten in einer amerikanischen Großstadt im Westen Gerüchte über eine Katholikin, die Christus-Visionen hatte. Die Berichte gelangten auch zum Erzbischof. Er beschloss, die Glaubwürdigkeit der Frau zu überprüfen.

»Stimmt es, Madam, dass Sie Visionen von Jesus haben?«, fragte der Geistliche.

»Ja«, erwiderte die Frau einfach.

»Nun, wenn Sie das nächste Mal eine Vision haben, dann möchte ich, dass Sie Jesus fragen, welche Sünden ich bei meiner letzten Beichte bekannt habe.«

Die Frau war verdutzt. »Habe ich Sie richtig verstanden, Bischof? Sie wollen wirklich, dass ich Jesus nach Sünden aus Ihrer Vergangenheit frage?«

»Genau! Bitte rufen Sie mich an, wenn etwas passiert ist.«

Zehn Tage später setzte die Frau den Erzbischof von einer weiteren Erscheinung in Kenntnis. »Bitte kommen Sie«, sagte sie.

Innerhalb einer Stunde war der Erzbischof bei ihr. Er schaute ihr direkt in die Augen. »Sie haben mir am Telefon gesagt, dass Sie eine Jesus-Vision hatten. Haben Sie ihn gefragt, worum ich Sie gebeten hatte?«

»Ja, Bischof, ich habe Jesus gebeten mir zu sagen, welche Sünden Sie bei Ihrer letzten Beichte bekannt haben.«

Erwartungsvoll beugte der Bischof sich vor. Seine Augen wurden schmal. »Und was hat Jesus gesagt?«

Sie nahm seine Hand und blickte ihm gerade in die Augen. »Bischof«, sagte sie, »er hat genau Folgendes gesagt: ›ICH KANN MICH NICHT ERINNERN.‹«

Christsein geschieht dann, wenn Männer und Frauen mit unerschütterlichem Vertrauen annehmen, dass ihre Sünden nicht nur vergeben, sondern auch vergessen sind, weggewaschen mit dem Blut des Lammes. Mein Freund Erzbischof Joe Reia sagt deshalb: »Ein trauriger Christ ist ein verlogener Christ, und ein Christ mit Schuldgefühlen ist gar kein Christ.«

Die Bekehrung vom Misstrauen zum Vertrauen geschieht am Fuße des Kreuzes. »Über dem Golgatha des Todes Christi meditieren die Heiligen, sie sinnen darüber nach und erfahren ihren Herrn« (Franz von Sales). Es besteht ein wesentlicher Zusammenhang zwischen der Erfahrung des liebenden Gottes und dem Vertrauen zu ihm. Man vertraut Gott nur in dem Maße, wie man ihn liebt. Und man wird ihn in dem Maße lieben, wie man ihn berührt hat und nicht so sehr, wie er einen berührt hat.

Vor ein paar Jahren nahm ein sorgenvoller, ängstlicher Mann an einer Retraite teil, die ich leitete. In der Gruppe waren mehrere Männer, die ihn schon seit Jahren kannten. Sie staunten darüber, wie er sich veränderte. Sogar sein Gesichtsausdruck veränderte sich. Er hatte plötzlich die Freiheit bekommen zu vertrauen. Seine grundlegende Erfahrung war die tiefe Erkenntnis, dass Gott ihn liebte. Und das geschah durch Gebet und Stille. Er war tief bewegt durch die Paulus-Worte: »Gott aber erweist seine Liebe zu uns darin, dass Christus für uns gestorben ist, als wir noch Sünder waren« (Römer 5,8). Seine Erfahrung menschlicher Liebe hatte nicht die Kraft gehabt, ihn vom Misstrauen zu befreien, aber das schlichte Gebet vor dem gekreuzigten Jesus.

Das Kreuz ist die Konfrontation mit der überwältigenden Güte Gottes, die im zerbrochenen Körper seines einzigen Sohnes sichtbar wird. Unsere persönliche Begegnung, nicht nur das verstandesmäßige Wissen, sondern die auf Erfahrung beruhende Gewissheit der Liebe Jesu katapultiert uns ins Vertrauen. Vor über dreihundert Jahren schrieb Claude de la Columbière über Jesu Teilnahme an einem Essen im Hause des Pharisäers Simon: »Es ist sicher, dass es von allen Anwesenden Magdalena ist, die den Herrn am meisten ehrt, die so überzeugt ist von der unendlichen Barmherzigkeit Gottes, dass alle ihre Sünden ihr winzig wie Atome erscheinen angesichts seiner Barmherzigkeit.«

Ein Wort aus dem Jahre 1667 passt auch in unsere Zeit: »Besser als alle deine Gebete, Werke und Bußübungen würde mir gefallen, wenn du glauben würdest, dass ich dich liebe.«

Die Gnade loszulassen und Gott Gott sein zu lassen, entspringt aus dem Vertrauen in seine grenzenlose Liebe: »Der auch seinen eigenen Sohn nicht verschont hat, sondern hat ihn für uns alle dahingegeben – wie sollte er uns mit ihm nicht alles schenken?« (Römer 8,32) Dennoch fällt es vielen Menschen sehr schwer zu vertrauen. Vielleicht verfolgt vom Gespenst der Eltern, die in Armut lebten, indoktriniert durch Slogans, die Gott und seine Macht und Liebe abwerten, sind wir mit einem skeptischen Geist und unter der Maßgabe aufgewachsen, dass wir unser Schicksal selbst in der Hand haben.

Nur die Liebe befähigt einen Menschen zu diesem Sprung im Vertrauen, zu dem Mut, alles für Jesus zu riskieren, zu der

Bereitschaft, ins Dunkle zu gehen, nur durch eine Feuersäule geleitet.

Vertrauen klammert sich an den Glauben: Egal, was in unserem Leben auch geschieht – es hat den Zweck, uns mehr in den Menschen zu verwandeln, der wir nach Gottes Willen sein sollen. Die Liebe Jesu inspiriert zu dem Vertrauen, Gott auch für den nagenden Kopfschmerz zu danken, für die Arthritis, die so weh tut, für die geistliche Finsternis, die uns umgibt; um es mit Hiobs Worten zu sagen: »Haben wir Gutes empfangen von Gott und sollten das Böse nicht auch annehmen?« (Hiob 2,10) Oder mit Charles de Foucauld zu beten: »Mein Vater, ich überlasse mich dir; mache mit mir, was dir gefällt. Was du auch mit mir tun magst, ich danke dir. Zu allem bin ich bereit, alles nehme ich an. Wenn nur dein Wille sich an mir erfüllt und an allen deinen Geschöpfen, so ersehne ich mir weiter nichts, mein Gott. In deine Hände lege ich meine Seele. Ich gebe sie dir, mein Gott, mit der ganzen Liebe meines Herzens, weil ich dich liebe, und weil diese Liebe mich treibt, mich dir hinzugeben, mich in deine Hände zu legen, ohne Maß, mit einem grenzenlosen Vertrauen. Denn du bist mein Vater.«

Ein Pfarrer von den Bahamas erzählte eine Geschichte, die den Kern biblischen Vertrauens sehr schön beschreibt: »Ein zweistöckiges Haus war in Brand geraten. Die Familie – Vater, Mutter und mehrere Kinder – waren auf dem Weg ins Freie, als der kleinste Junge erschrak, sich von seiner Mutter losriss und wieder nach oben rannte. Plötzlich tauchte er in einem der qualmenden Fenster auf und schrie wie verrückt. Sein Vater rief ihm von draußen zu: ›Spring, mein Sohn, spring, ich fange dich!‹ Der Junge rief: ›Aber ich kann dich nicht sehen, Papa.‹ ›Ich weiß‹, rief der Vater zurück, ›aber ich kann dich sehen.‹«

Eine freie Entscheidung und Vertrauen sind Reaktionen auf die Begegnung mit Jesus. Die dritte Reaktion ist eine von Herzen kommende Dankbarkeit für das unverdiente Eingreifen Jesu in unser Leben.

In O'Henrys berühmter Geschichte »The Gift of the Magi« (Das Geschenk der Weisen) hat eine junge Frau nur 1,87 Dollar, um ihrem Mann ein Weihnachtsgeschenk zu kaufen. Spontan beschließt sie, ihr langes, dickes Haar zu verkaufen, um ihm eine Kette für seine geliebte goldene Taschenuhr kaufen zu können. Im selben Augenblick verkauft er seine Taschenuhr, um ein Geschenk für sie zu kaufen – ganz besondere Kämme für ihr wunderschönes Haar.

Haben Sie jemals spontan etwas so Extravagantes getan? Haben Sie schon einmal das Sparschwein geschlachtet und sind losgezogen, weil ein bestimmtes Geschenk einfach perfekt war für jemanden, an dem Ihnen etwas lag?

»Und als Jesus in Betanien war im Hause Simons des Aussätzigen und saß zu Tisch, da kam eine Frau, die hatte ein Glas mit unverfälschtem, kostbarem Nardenöl, und sie zerbrach das Glas und goss es auf sein Haupt. Da wurden einige unwillig und sprachen untereinander: Was soll diese Vergeudung des Salböls? Man hätte dieses Öl für mehr als dreihundert Silbergroschen verkaufen und das Geld den Armen geben können. Und sie fuhren sie an. Jesus aber sprach: Lasst sie in Frieden! Was betrübt ihr sie? Sie hat ein gutes Werk an mir getan. Denn ihr habt allezeit Arme bei euch, und wenn ihr wollt, könnt ihr ihnen Gutes tun, mich aber habt ihr nicht allezeit. Sie hat getan, was sie konnte; sie hat meinen Leib im Voraus gesalbt für mein Begräbnis. Wahrlich, ich sage euch: Wo das Evangelium gepredigt wird in aller Welt, da wird man auch das sagen zu ihrem Gedächtnis, was sie jetzt getan hat.« (Markus 14,3-9)

Was für eine spontane, schöne Geste der Dankbarkeit! Nach menschlichem Ermessen war es verrückt und zudem Verschwendung, so etwas zu tun. Aber Jesus war so tief berührt von der Geste, dass ihre Geschichte alle Generationen hindurch bis in Ewigkeit erzählt werden wird.

Offensichtlich bestätigt Jesus hier, dass es den richtigen Ort für solche impulsiven, verschwenderischen und unpraktischen, heroischen und außergewöhnlichen Ausbrüche von Großzügigkeit zum Lob Gottes gibt. Aber gewöhnlich äußert sich unsere Dankbarkeit gegenüber Jesus im Dienst an unseren Mitmenschen. »Wahrlich, ich sage euch: Was ihr getan habt einem von diesen meinen geringsten Brüdern, das habt ihr mir getan« (Matthäus 25,40).

Auch wenn Christus nicht mehr sichtbar unter uns ist, dienen wir ihm in den Außenseitern und Armen in unserer Nähe. Auch jede Begegnung mit einem Bruder oder einer Schwester ist eine geheimnisvolle Begegnung mit Jesus selbst. Jesus erklärte auch die Spielregel der Dankbarkeit: »Liebt einander, wie ich euch geliebt habe.« Zu Petrus sagt er am Ufer des Sees Tiberias: »Simon, Sohn des Johannes, hast du mich lieb?« Petrus antwortet: »Ja, Herr, du weißt, dass ich dich lieb habe.« Spricht Jesus zu ihm: »Weide meine Lämmer« (Johannes 21,15). Es ist ganz einfach. Unsere tiefe Dankbarkeit Jesus gegenüber zeigt sich in erster Linie nicht darin, dass wir keusch, ehrlich, nüchtern oder achtbar sind, und auch nicht darin, ob wir regelmäßig zur Kirche gehen, ob wir uns in der Bibel auskennen oder Choräle singen können – sondern in einer tiefen und zarten Achtung voreinander.

Sogar der Sonntagsgottesdienst ist der Versöhnung miteinander untergeordnet. »Wenn du deine Gabe auf dem Altar opferst und dort kommt dir in den Sinn, dass dein Bruder etwas gegen dich hat, so lass dort vor dem Altar deine Gabe und geh zuerst hin und versöhne dich mit deinem Bruder und dann komm und opfere deine Gabe« (Matthäus 5,23–24).

Anbetung, Gottesdienst und Glauben sind für Jesus kein Selbstzweck. Sie verbinden mit Gott und allen seinen Geschöpfen. Wenn die Anbetung im Gottesdienst nicht von der Liebe zu anderen Menschen begleitet ist, ist sie nicht nur unwahrhaftig, sondern auch sinnlos, denn sonst kann sie unmöglich eine Art sein, Gott zu danken.

Auch persönliche Evangelisation ist eine Reaktion der Dankbarkeit, indem man Gottes Evangelium der Gnade an andere weitergibt. Die »Bekehrung durch Einschüchterung« dagegen, bei der einem endlos Bibelverse um die Ohren gehauen werden, verrät eine grundsätzliche Missachtung der Würde des anderen und widerspricht völlig dem Befehl des Evangeliums, Zeugnis zu geben. Einen Menschen zu evangelisieren heißt, ihm zu sagen: Auch du bist in Jesus Christus geliebt. Und das sollen wir nicht nur sagen, sondern wirklich denken und dem betreffenden Menschen so vermitteln, dass er es auch spüren kann. *Das geht aber nur, indem man der betreffenden Person die Freundschaft anbietet,* Freundschaft, die echt ist, selbstlos, ohne Herablassung, vertrauensvoll und von Wertschätzung geprägt.

In dem bemerkenswerten Film *Amadeus* sind mir zwei Worte auf Italienisch hängen geblieben, die Salieri flüsterte, wenn er eine Partitur fertig geschrieben hatte:

»Grazie, Signore« für deine Lippen, die sich in Liebe verziehen, um sich mir Sünder anzugleichen; dafür, dass du mich nicht nach meinen dürftigen Taten beurteilst, sondern nach deiner Liebe; für deine unerträgliche Vergebung und unendliche Geduld mit mir; für andere Menschen, die größere Gaben haben als ich, und für die Ehrlichkeit anzuerkennen, dass ich ein geistlich Armer bin. Wenn der letzte Vorhang fällt und du mich nach Hause abberufst, dann möge mein letztes geflüstertes Wort auf dieser Erde »Grazie, Signore« sein.

7. Unechter Schmuck und Plastikwürstchen

Die Versuchung der heutigen Zeit besteht darin, gut auszusehen, ohne gut zu sein. Wenn »Notlügen« Straftaten wären, säßen wir alle noch vor Einbruch der Dunkelheit im Gefängnis. Es setzte eine Menge Zusammenarbeit für den schönen Schein voraus, dass Verfehlungen wie die von Fernsehevangelisten in Amerika passieren konnten. Die Kluft zwischen dem, was wir sagen, und dem, was wir tun, ist in Kirche und Gesellschaft so eklatant, dass wir irgendwann unsere Illusionen und unsere Erklärungen dafür selbst glauben und sie an unser Herz drücken wie unseren Lieblingsteddy.

Schwindler ziehen den Schein immer der Realität vor. Das Ausweichen und Wegdiskutieren fängt schon an, wenn wir in den Spiegel schauen. Wir mögen unseren Anblick nicht, also versuchen wir mit Kosmetika, Schminke, dem richtigen Licht und den richtigen Accessoires ein annehmbares Bild von uns selbst zu schaffen. Wir verlassen uns auf modische Tarnung, die dafür sorgt, dass wir gut aussehen, zumindest aber dafür, dass wir von unserem wirklichen Ich wegschauen können. Selbstbetrug verhindert, dass wir uns so sehen, wie wir wirklich sind – nämlich als armselige Gestalten.

Eine meiner unauslöschlichen Erinnerungen geht ins Jahr 1975 zurück, als ich im Norden von Minneapolis Patient in einer Rehabilitationsklinik für Alkoholiker war. Ich war dort mit vierundzwanzig anderen süchtigen Männern. Unser Leiter war ein ausgebildeter Drogenberater und fähiger Therapeut. Er arbeitete seit langem in der Einrichtung und hieß Sean Murphy-O'Connor.

Zu Beginn meiner Therapiezeit forderte Murphy-O'Connor einen Patienten namens Max auf, auf dem »heißen Stuhl« in der Mitte einer U-förmig sitzenden Gruppe Platz zu nehmen. Max war ein kleiner Mann, nominell Christ, verheiratet. Er hatte fünf Kinder, war Eigentümer einer Firma, reich, umgänglich und mit einem erstaunlich sicheren Auftreten begabt.

»Wie lange haben Sie wie ein Loch gesoffen, Max?«, begann Murphy-O'Connor sein »Verhör«.

Max wand sich. »Das ist aber ziemlich unfair.«

»Wir werden sehen. Ich möchte mich mit der Geschichte und Entwicklung Ihres Trinkens befassen. Wie viel Schnaps am Tag?«

Max zündete seine Maiskolbenpfeife neu an. »Vor der Mittagspause hatte ich zwei Marys mit meinen Mitarbeitern und dann zwei doppelte Martins nach Dienstschluss um fünf. Dann . . .«

»Was sind Marys und Martins?«, unterbricht Murphy-O'Connor.

»Bloody Marys. Wodka, Tomatensaft, ein Spritzer Tabasco. Martin – Martini, Gin pur, eiskalt mit einer Olive und einer Zitronenscheibe.«

»Danke, Mary Martin. Machen Sie bitte weiter.«

»Meine Frau mag gern einen Drink vor dem Abendessen. Vor ein paar Jahren habe ich sie süchtig nach Martins gemacht. Natürlich nennt sie sie ›Aperitifs‹. Sie verstehen, meine Herren?«

Niemand reagierte.

»Wie gesagt, wir tranken zwei Martins vor dem Essen und dann noch zwei vor dem Schlafengehen.«

»Also insgesamt acht Drinks pro Tag, Max?«, fragte Murphy-O'Connor nach.

»Richtig. Nicht ein Tropfen mehr und nicht ein Tropfen weniger.«

»Sie sind ein Lügner!«

Unerschüttert erwiderte Max: »Ich will mal so tun, als hätte ich das nicht gehört. Ich bin seit über zwanzig Jahren Geschäftsmann, und mein guter Ruf beruht auf Wahrheitsliebe und nicht auf Verlogenheit. Die Leute wissen, dass mein Wort meine Bürgschaft ist.«

»Haben Sie jemals eine Flasche bei sich zu Hause versteckt?«, fragt Benjamin, ein Navajo-Indianer aus New Mexico.

»Das ist doch lächerlich. Ich habe eine Bar im Wohnzimmer, die ist so groß wie ein Pferdearsch. Nichts für ungut, Mr. Murphy-O'Connor.« Max spürte, dass er wieder alles im Griff hatte. Er lächelte.

»Bewahren Sie auch Schnaps in der Garage auf, Max?«, fuhr Murphy-O'Connor fort.

»Natürlich, ich muss doch die Bar immer wieder auffüllen. Ein Mann in meiner Stellung muss auch zu Hause viele Gäste empfangen und bewirten.« Da war wieder das großspurige Gehabe des Managers.

»Wie viele Flaschen in der Garage?«

»Wie viele genau weiß ich gar nicht. So aus dem Stand würde ich sagen, zwei Kisten Smirnoff Wodka, eine Kiste Beefeater Gin, ein paar Flaschen Bourbon und Scotch und ein paar Flaschen Likör.«

Die Befragung ging noch ungefähr zwanzig Minuten so weiter. Max wich aus und wand sich, verharmloste, rationalisierte und rechtfertigte sein Trinkverhalten. Als er schließlich durch das erbarmungslose Kreuzverhör hoffnungslos in die Enge getrieben worden war, gab er zu, dass er eine Flasche Wodka im Nachtschrank hatte, eine Flasche Gin im Koffer für Reisezwecke, eine weitere im Medizinschrank im Badezimmer und noch drei Flaschen für Besucher im Büro. Gelegentlich zeigte er Anzeichen von Unbehagen, aber er verlor nie den Anschein von Sicherheit.

Max grinste: »Meine Herren, ich nehme an, wir haben doch alle ein-, zweimal in unserem Leben des Guten zuviel gehabt«, und ließ dadurch durchblicken, dass nur Männer mit Haltung sich den Luxus eines Humors erlauben können, der sie selbst herabsetzt.

»Du bist ein Lügner!«, ertönte eine Stimme.

»Du brauchst nicht rachsüchtig zu werden«, schoss Max zurück, »denk an das Bild im Johannesevangelium vom Splitter im Auge des Bruders und dem Balken im eigenen. Und das andere Bild im Matthäusevangelium über den Topf, der den Kessel schimpft, dass er schwarz ist.«

Ich fühlte mich genötigt, Max davon in Kenntnis zu setzen, dass der Splitter/Balken-Vergleich nicht bei Johannes, sondern bei Matthäus zu finden ist und dass das Bild vom Topf und dem Kessel ein Sprichwort ist, das überhaupt nicht in der Bibel steht. Aber ich spürte, wie mich plötzlich Selbstgefälligkeit und ein Gefühl von Überlegenheit einhüllte wie ein dicker Nebel. Ich beschloss, die Chance zur »brüderlichen Korrektur« verstreichen zu lassen. Schließlich war ich auch nur ein zusammengeklappter Trinker wie Max.

»Gebt mir mal ein Telefon«, sagte Murphy-O'Connor.

Es wurde ein Telefon in den Raum gebracht. Murphy-O'Connor schaute auf einem Notizzettel nach und wählte dann eine Nummer in einer weit entfernten Stadt. Es war Max' Heimatstadt. Das Telefon war auf Mithören geschaltet, so dass wir alle hören konnten, was am anderen Ende der Leitung gesprochen wurde.

»Hank Shea?«

»Ja. Wer ist da?«

»Mein Name ist Sean Murphy-O'Connor. Ich bin Berater in einer Rehabilitationseinrichtung für Alkoholiker und Drogensüchtige im Mittleren Westen. Können Sie sich an einen Kunden namens Max erinnern? (Pause) Gut. Mit der Erlaubnis seiner Familie untersuche ich seine Geschichte als Alkoholiker. Sie arbeiten doch jeden Nachmittag als Barkeeper in Max' Stammkneipe und da habe ich mich gefragt, ob Sie mir vielleicht sagen können, wie viel er so ungefähr am Tag trinkt.«

»Ich kenne Max gut, aber sind Sie ganz sicher, dass er Ihnen erlaubt hat, mir solche Fragen zu stellen?«

»Ich habe eine unterschriebene Erklärung. Also schießen Sie los.«

»Er ist schon ein toller Hecht. Ich mag ihn. Er lässt jeden Nachmittag dreißig Piepen hier. Max hat seine üblichen sechs Martinis, spendiert ein paar Drinks und gibt mir immer ein Trinkgeld. Ein guter Typ.«

Max sprang auf. Er hob herausfordernd seine rechte Hand und

gab eine Flut von Flüchen von sich, die einem Hafenarbeiter alle Ehre gemacht hätten. Er griff Murphy-O'Connors Vorfahren an, bezweifelte seine Ehrlichkeit und die Integrität der gesamten Gruppe. Er krallte sich am Sofa fest und spuckte auf den Teppich.

Und dann, wie in einem unglaublichen Handstreich, gewann er von einem Augenblick zum nächsten seine Fassung zurück. Er nahm wieder Platz und stellte mit Bestimmtheit fest, dass ja sogar Jesus die Beherrschung verloren hätte, damals im Tempel, als er sah, wie die Sadduzäer dort Tauben und Brot verkauften. Nach einer Stegreif-Predigt über gerechten Zorn vor der gesamten Gruppe stopfte er seine Pfeife neu und ging offensichtlich davon aus, dass die Befragung jetzt vorüber sei.

»Bist du jemals unfreundlich zu einem deiner Kinder gewesen?«, fragte Fred, ein anderer Patient.

»Schön, dass du darauf zu sprechen kommst, Fred. Meine vier Jungen machen sich ganz prächtig. Letztes Jahr Thanksgiving bin ich mit ihnen auf einer Angeltour in den Rocky Mountains gewesen. Vier Tage in der Wildnis. Es war ganz toll! Zwei von meinen Söhnen haben in Harvard studiert, wisst ihr, und Max Jr. studiert jetzt im sechsten Semester in . . .«

»Das habe ich nicht gefragt. Mindestens einmal im Leben behandelt jeder Vater seine Kinder schlecht. Ich bin zweiundsechzig Jahre alt, und ich verbürge mich dafür. Nenne uns einfach ein konkretes Beispiel.«

Es folgte eine lange Pause. »Nun, ich war da wohl ein bisschen unachtsam mit meiner neunjährigen Tochter, letztes Jahr am Abend vor Weihnachten.«

»Was ist passiert?«

»Ich kann mich nicht erinnern. Mir wird nur immer ganz schwer ums Herz, wenn ich daran denke.«

»Wo ist es passiert? Unter welchen Umständen?«

»Moment mal!« Max' Stimme wurde laut vor Zorn. »Ich habe

doch gesagt, ich kann mich nicht erinnern. Ich kann einfach dieses schlechte Gefühl nicht loswerden.«

Unauffällig wählte Murphy-O'Connor noch einmal eine Nummer in Max' Heimatstadt und hatte Max' Frau am Apparat.

»Hier ist Sean Murphy-O'Connor. Wir sind mitten in einer Gruppentherapie-Sitzung, und Ihr Mann hat uns gerade erzählt, dass er letztes Jahr am Abend vor Weihnachten Ihre Tochter schlecht behandelt hat. Können Sie uns bitte ein paar Einzelheiten dazu sagen?«

Eine leise Stimme füllte den Raum. »Ja, ich kann Ihnen die ganze Sache erzählen. Mir kommt es vor, als wäre es erst gestern passiert. Unsere Tochter Debbie wünschte sich ein ganz bestimmtes Paar Schuhe zu Weihnachten. Am 23. Dezember fuhr mein Mann nachmittags mit ihr in die Stadt, gab ihr 60 Dollar und sagte ihr, sie solle das beste Paar Schuhe kaufen, das sie im Laden hätten. Und genau das tat sie auch. Als sie wieder in den Kleinlaster stieg, den ihr Vater fuhr, küsste sie ihn auf die Wange und sagte ihm, er sei der beste Papa von der Welt. Max war stolz wie ein Pfau und beschloss, auf dem Heimweg zu feiern. Er machte Halt beim Cork'n Bottle – das ist eine Kneipe ein paar Meilen von unserem Haus entfernt – und sagte zu Debbie, er wäre gleich zurück. Es war ein klarer und sehr kalter Tag, fast 10 Grad unter Null. Also ließ Max den Motor laufen und verschloss beide Türen von außen, so dass niemand ins Auto hinein konnte. Das war kurz nach drei Uhr nachmittags. Und . . .«

Schweigen.

»Ja?«

Das Geräusch schweren Atems war zu hören. Die Stimme wurde leiser. Die Frau weinte. »Mein Mann traf ein paar alte Kumpels von der Army in der Kneipe. Vor lauter Wiedersehensfreude vergaß er die Zeit, weshalb er da war und auch sonst alles. Um Mitternacht verließ er die Kneipe. Er war betrunken. Der Motor lief nicht mehr und die Autofenster waren zugefroren. Debbie hatte Erfrierungen an beiden Ohren und an ihren Fingern. Als wir sie ins Krankenhaus brachten, mussten die Ärzte sie operieren. Sie amputierten den Daumen und den Mittelfinger der rechten Hand, und sie wird für den Rest ihres Lebens taub sein.«

Max kämpfte sich auf die Füße und machte zuckende, unkoordinierte Bewegungen. Seine Brille flog zur rechten Seite und seine Pfeife zur linken. Er fiel auf alle Viere und schluchzte hysterisch.

Murphy-O'Connor stand auf und sagte leise: »Lasst uns für heute auseinander gehen.«

Vierundzwanzig genesende Alkoholiker und Drogensüchtige stiegen die acht Stufen zur Halle hinauf. Dort wandten wir uns nach links und schauten hinunter. Keiner von uns wird je vergessen, was wir an jenem Tag, dem 24. April genau um 12 Uhr mittags sahen. Max war immer noch auf allen Vieren. Sein Schluchzen hatte sich in heiseres Krächzen verwandelt. Murphy-O'Connor ging zu ihm hin, setzte seinen Fuß gegen Max' Brustkorb und drückte. Max kippte um und landete auf dem Rücken.

»Sie unsäglicher Dreck«, brüllte Murphy-O'Connor. »Rechts von Ihnen ist die Tür und links von Ihnen das Fenster. Nehmen Sie das, was am schnellsten ist. Verschwinden Sie, bevor ich mich übergeben muss. Ich mache keine Reha für Lügner!«

Die Philosophie der harten Liebe basiert auf der Überzeugung, dass keine nachhaltige Genesung in Gang kommen kann, bevor die betreffende Person nicht eingesteht, dass sie dem Alkohol gegenüber machtlos und ihr Leben außer Kontrolle geraten ist. Die Alternative ist, weiter in der Lüge zu leben und sich mehr und mehr selbst zu zerstören. Für Max gab es drei Möglichkeiten: den Wahnsinn, einen vorzeitigen Tod oder Nüchternheit. Um den Gefangenen zu befreien, muss man die Gefangenschaft benennen. Max' Leugnung musste durch die unbarmherzige Konfrontation ans Licht gebracht werden. Sein Selbstbetrug musste in seiner ganzen Absurdität entlarvt werden.

Später an diesem Tag bat Max um die Erlaubnis, seine Behandlung fortzusetzen. Er bekam sie. In den Wochen danach machte er die erstaunlichste Persönlichkeitsveränderung durch, die ich je miterlebt habe. Er wurde ehrlich und offener, ernsthafter, verletzlicher und herzlicher als jeder andere Mann in der Gruppe. Harte Liebe ließ ihn echt werden, und die Wahrheit machte ihn frei.

Der Ausgang dieser Geschichte war: Am letzten Abend seiner Behandlung kam Fred an Max' Zimmer vorbei. Die Tür war nur angelehnt. Max saß an seinem Schreibtisch und las einen Roman. Fred klopfte an und trat ein. Einige Augenblicke saß Max einfach nur da und starrte das Buch an. Als er aufblickte, waren Tränenspuren auf seinen Wangen zu sehen. »Fred«, sagte er rauh, »ich habe gerade zum ersten Mal in meinem Leben gebetet.« Max war auf dem Weg, Gott kennen zu lernen. Er hatte der Wahrheit des lebendigen Gottes nicht begegnen können, bevor er sich nicht seinem Alkoholismus stellte. Aus biblischer Sicht war Max ein Lügner. In der Philosophie ist das Gegenteil von Wahrheit Irrtum; in der Bibel ist das Gegenteil von Wahrheit Lüge. Max' Leben bestand darin, jemand zu scheinen, der er nicht war – jemand, der nur in Gesellschaft trinkt. Für ihn bedeutete Wahrheit, die Realität einzugestehen – nämlich seinen Alkoholismus.

Der Böse ist ein großer Illusionist. Er verschleiert die Wahrheit und ermutigt zur Unehrlichkeit. »Wenn wir sagen, wir haben keine Sünde, so betrügen wir uns selbst, und die Wahrheit ist nicht in uns« (1. Johannes 1,8). Der Satan veranlasst uns, Dingen Wichtigkeit beizumessen, die nicht wichtig sind. Er verkleidet Nebensächlichkeiten mit Glimmer und lockt uns weg von dem, was real ist. Er bringt uns dazu, in einer Welt der Täuschung, der Irrealität und der Schatten zu leben.

Als Max sich seinem Alkoholismus stellte und ihn als Tatsache akzeptierte, durchschritt er eine Tür, die zur Anerkennung der Realität führte.

Eine Versuchung im Leben von Christen ist es, sich innerlich zu verlieren und nur die äußere Hülle positiven Verhaltens beizubehalten. Plötzlich merke ich, dass ich nur deshalb mit AIDS-Opfern arbeite, damit mein Lebenslauf für eventuelle Bewerbungen vielseitiger und beeindruckender wird. Ich stelle fest, dass ich während der Fastenzeit auf Eis verzichte, weil ich drei Kilo Übergewicht loswerden will. Ich erwähne beiläufig, wie überaus wichtig Gebet und Stille sind, und nenne sie als oberste Priorität, um den Eindruck zu erwecken, dass ich ein Mann des Gebetes sei. In irgendeinem Augenblick, an den ich mich gar nicht mehr recht erinnern kann, habe ich die Verbindung zwischen Reinheit des Herzens und frommem Verhalten verloren. Im demütigenden Sinne des Wortes bin ich gesetzlich geworden, ein Opfer dessen, was T. S. Elliot als die größte Sünde bezeichnet, nämlich das Richtige aus den falschen Motiven zu tun.

»Seht euch vor vor den Schriftgelehrten ... sie fressen die Häuser der Witwen und verrichten zum Schein lange Gebete« (Markus 12,38+40). Jesus hatte keine naive Sicht vom Gebet. Er wusste, dass es durch Narzissmus, Heuchelei, Geschwätzigkeit und Sentimentalität verfälscht sein kann.

Der Jakobusbrief rät: »Bekennt einander eure Sünden« (5,16). Diese heilsame Praxis zielt darauf ab, dass wir uns als Bedürftige annehmen sollen. Dietrich Bonhoeffer schrieb dazu: »Wer mit seinem Bösen allein bleibt, der bleibt ganz allein. Es kann sein, dass Christen trotz gemeinsamer Andacht, gemeinsamen Gebetes, trotz aller Gemeinschaft im Dienst allein gelassen bleiben, dass der letzte Durchbruch zur Gemeinschaft nicht erfolgt, weil sie zwar als Gläubige, als Fromme Gemeinschaft miteinander haben, aber nicht als die Unfrommen, als die Sünder. Die fromme Gemeinschaft erlaubt es ja keinem, Sünder zu sein. Darum muss jeder seine Sünde vor sich selbst und vor der Gemeinschaft verbergen. Wir dürfen nicht Sünder sein. Unausdenkbar das Entsetzen vieler Christen, wenn auf einmal ein wirklicher Sünder unter die Frommen geraten wäre. Darum bleiben wir mit unserer Sünde allein, in der Lüge und der Heuchelei; denn wir sind nun einmal Sünder.«[32]

Beim Sonntagsgottesdienst *tun viele von uns so, als glaubten sie,* dass wir Sünder sind. Folglich bleibt uns dann nichts, als so zu tun, als glaubten wir, dass uns vergeben ist. Daraus folgt wiederum, dass unser gesamtes geistliches Leben Pseudo-Buße und Pseudo-Glückseligkeit ist.

Der Reiz von »unechtem Schmuck« und »Dorsch-Kaviar« ist groß. Eine geringe Investition in scheinbare Anständigkeit und gute Taten bringt den Lohn der Gemeinschaft der Gläubigen ein – Schmeichelei und Lob. Gepaart mit einer charismatischen Persönlichkeit und einem attraktiven Äußeren kann Heuchelei eine 640.000-Dollar-Wohnung in New York einbringen, einen 90.000-Dollar-Ring von Tiffany's und häufige Transatlantikflüge mit der Concorde. Die Zukunft geistlicher Leichtgewichte liegt nicht darin zu leugnen, dass wir Sünder sind, sondern darin, diese Tatsache mit zunehmender Klarheit zu akzeptieren und uns darüber zu freuen, dass Gott uns trotz allem retten will.

C. S. Lewis schrieb dazu: »Möglicherweise besteht die Erlösung ... in der vollkommen gewordenen Demut, welche die Scham auf ewig erträgt und frohlockt über jede Gelegenheit, die sich dem Erbarmen Gottes bietet, froh, dass alle Welt davon Kenntnis bekomme. Vielleicht verleugnet in jedem ewigen Augenblick St. Petrus auf immer – er wird mir verzeihen, wenn ich mich täusche. Wäre dies so, dann würde es also wirklich wahr sein, dass den meisten von uns, wie wir jetzt sind, die Freuden des Himmels als ›nicht nach jedermanns Geschmack‹ erscheinen und dass es bestimmte Formen gibt, das Leben einzurichten, die den Menschen unfähig machen, auf diesen Geschmack zu kommen. Vielleicht sind die Verlorenen jene, die es nicht wagen, auf solch einen ›öffentlichen‹ Platz zu gehen?«[33]

Biblisch gesehen gibt es nichts Verabscheuungswürdigeres als einen selbstgerechten Jünger. Schon seine bloße Anwesenheit ist unerträglich. Wer als Christ jedoch mit dem Finger auf ihn zeigt, muss sich fragen lassen, ob er sich nicht selbst so sehr in einer Festung des Wegdiskutierens und Zurechterklärens verbarrikadiert hat, dass er nicht sehen kann, dass er sich von den Selbstgerechten gar nicht so sehr unterscheidet, wie er es sich wünscht.

Vielleicht spielt sich dann etwas ab wie die folgende gedachte Szene.

Eine bescheidene Frau sucht mich auf, weil man von mir erzählt, ich sei eine geistliche Autorität. Sie ist einfach und direkt: »Bitte zeigen Sie mir, wie man betet.«

Kurz und knapp frage ich nach: »Erzählen Sie mir etwas über Ihr Gebetsleben.«

Sie senkt den Blick und sagt zerknirscht: »Da gibt's nicht viel zu erzählen. Ich spreche ein Dankgebet vor den Mahlzeiten.«

Hochnäsig antworte ich: »Ah, Sie danken also vor dem Essen! Na, ist das nicht toll?! Ich danke beim Aufwachen und bevor ich zu Bett gehe, und ich danke, bevor ich Zeitung lese und bevor ich den Fernseher einschalte. Ich danke, bevor ich Hausbesuche mache und bevor ich meditiere, vor dem Theater und vor der Oper, vorm Joggen, Schwimmen, Radfahren, Abendessen, Referieren und Schreiben. Ja, ich spreche sogar ein Gebet, bevor ich ein Gebet spreche.«

An diesem Abend komme ich voller Selbstzufriedenheit vor den Herrn. Und er flüstert: »Du undankbarer Scheißkerl. Sogar dein Wunsch, ein Gebet zu sprechen, ist bereits ein Geschenk von mir.«

Eine alte christliche Legende erzählt: »Als der Sohn Gottes ans Kreuz genagelt worden war und seinen Geist aufgab, da ging er vom Kreuz aus direkt in die Hölle und befreite alle Sünder, die dort Qualen litten. Der Teufel weinte und klagte, denn er dachte, er würde jetzt keine Sünder mehr in die Hölle bekommen.

Da sagte Gott zu ihm: ›Weine nicht, denn ich werde dir all die heiligen Leute schicken, die wegen ihrer Güte selbstzufrieden geworden sind und selbstgerecht die Sünder verurteilen. Und die Hölle wird noch einmal für Generationen voll sein, bis ich wiederkomme.‹«[34]

Wie lange brauchen wir, bis wir merken, dass wir Gott mit unseren Leistungen nicht beeindrucken können?

Wann werden wir eingestehen, dass wir Gottes Gunst nicht kaufen können und auch gar nicht zu kaufen brauchen?

Wann werden wir uns eingestehen, dass wir es nicht im Griff haben, und deshalb einfach das Geschenk der Gnade annehmen?

Wann werden wir die begeisternde Wahrheit erfassen, die Paulus so formuliert: »Doch weil wir wissen, dass der Mensch durch Werke des Gesetzes nicht gerecht wird, sondern durch den Glauben an Jesus Christus« (Galater 2,16)?

Authentischer Glaube führt dazu, dass wir andere mit liebevollem Respekt vor dem Geheimnis der menschlichen Person behandeln. Authentisches Christsein führt zur Mündigkeit, zu Persönlichkeit und zur Realität. Es formt geheilte Männer und Frauen, die ein Leben der Liebe und der Gemeinschaft führen.

Falscher, von Menschen gemachter Glaube hat die entgegengesetzte Wirkung. Immer wenn eine Religion zu Verachtung oder Missachtung der persönlichen Rechte von Menschen führt, selbst wenn das unter den edelsten Vorwänden geschieht, entfernt uns das von der Wirklichkeit und von Gott. Auf diese Weise kann sich christlicher Glauben ins Gegenteil verkehren.

Das Johannesevangelium zeigt, wie beunruhigt die religiösen Führer des Volkes Israel über das Wirken Jesu waren: »Da versammelten die Hohenpriester und die Pharisäer den Hohen Rat und sprachen: Was tun wir? Dieser Mensch tut viele Zeichen. Lassen wir ihn so, dann werden sie alle an ihn glauben, und dann kommen die Römer und nehmen uns Land und Leute. Einer aber von ihnen, Kaiphas, der in dem Jahr Hoherpriester war, sprach zu ihnen: Ihr wisst nichts; ihr bedenkt auch nicht: Es ist besser für euch, ein Mensch sterbe für das Volk, als dass das ganze Volk verderbe.« (Johannes 11,47-50)

Etwas Schreckliches ist mit Kaiphas passiert. Religiös verblendet hat er den Respekt vor der Person verloren. Für Kaiphas ist der lebendige Glaube zur Institution und zu Strukturen erstarrt. Der einzelne Mensch aus Fleisch und Blut ist für ihn verzichtbar geworden. Kaiphas ist dem Tempel hingegeben – unpersönlichem Stein und Mörtel. Kaiphas selbst ist unpersönlich geworden, kein warmherziger Mensch mehr, sondern ein Apparat, so festgelegt und rigide wie seine unveränderliche Gedankenwelt.

Die Wahl, vor die Christen normalerweise gestellt werden, ist nicht die zwischen Jesus und Barnabas. Die Wahl, bei der man heute aufpassen muss, ist die zwischen Jesus und Kaiphas. Und Kaiphas kann uns täuschen. Er ist ein sehr »gläubiger« Mann.

Der Geist des Kaiphas lebt weiter – in religiösen Bürokraten, die mit großer Sicherheit Menschen dafür verurteilen, dass sie schlechte religiöse Gesetze brechen. Natürlich immer aus gutem Grund: zum Guten des Tempels, zum Guten der Kirche. Wie viele Leute, die es ernst gemeint haben, sind aus der christlichen Gemeinschaft verbannt worden durch religiöse Machtmenschen mit einem genauso abgestumpften Geist wie dem des Kaiphas!

Der abtötende Geist der Heuchelei lebt in Prälaten und Politikern weiter, die gut aussehen, aber nicht gut sein möchten; er lebt fort in Menschen, die ihre Seele lieber menschlichen Regeln ausliefern, als das Risiko einzugehen, in Gemeinschaft mit Jesus zu leben.

»Der Teufel wohnt in dem Zwang, lieber zu kontrollieren als die Seele des Menschen zu befreien. Man kann kaum in diesen letzten Jahren des zwanzigsten Jahrhunderts leben, ohne zu merken, wie die Kräfte der Kontrolle sich zusammengerottet haben ... Wir stehen an einem dunklen Wald, durch den uns schreckliche religiöse und politische Führer auf ihren exklusiven Pfad der Gerechtigkeit führen wollen. Sie wollen uns einschüchtern, sie wollen uns Angst machen und so dafür sorgen, dass wir ihnen unsere Seelen ausliefern. Jesus betrachtete solche finsteren Kräfte als die Verderber des eigentlichen Glaubens.«[35]

Die Art, wie wir miteinander umgehen, ist der Test unseres Glaubens. Wie ich im Alltag meinen Bruder oder meine Schwester behandele, wie ich auf den von der Sünde gezeichneten Säufer auf der Straße reagiere, wie ich auf Unterbrechungen durch Menschen reagiere, die ich nicht mag, wie ich mit normalen Menschen in ihrem ganz normalen Durcheinander an einem ganz normalen Tag umgehe, ist vielleicht ein besseres Indiz für meine Achtung vor dem Leben als ein Anti-Abtreibungs-Sticker auf der Stoßstange meines Autos.

Wir sind nicht »pro-life«, »für das Leben«, einfach weil wir den Tod abwehren. Wir sind in dem Maße »pro-life«, in dem wir Männer und Frauen für andere sind, für alle anderen; wie kein Mensch ein Fremder für uns ist; in dem wir liebevoll die Hand eines anderen berühren können; in dem Maße, in dem es für uns keine »anderen« gibt.

Heute besteht die Gefahr der »pro-life«-Haltung, die ich im Übrigen heftig unterstütze, darin, dass sie so erschreckend selektiv ist. Die Rechte der Ungeborenen und die Würde der Alten sind Teile desselben »pro-life«-Stoffes. Wir weinen über die ungerechtfertigte Tötung Ungeborener. Haben wir auch nach dem Brandanschlag von Solingen geweint?

Eines Morgens erlebte ich eine furchtbare Stunde. Ich versuchte mich daran zu erinnern, wie oft ich zwischen 1941 und 1988 um einen Deutschen, einen Japaner, Nordkoreaner, Nordvietnamesen, Sandinisten oder Kubaner geweint hatte. Ich konnte mich an keinen Einzigen erinnern. Und dann habe ich geweint, aber nicht um sie, sondern über mich selbst.

Wenn wir in den USA Lobeshymnen auf das Leben singen und Abtreibungs-Befürworter abknallen, dann ist es um unsere Glaubwürdigkeit als Christen nicht gut bestellt. Auf der einen Seite reden wir über Liebe und Qual, Schmerz und Freude, die mit dem Entstehen eines einzigen Kindes verbunden sind. Wir verkündigen, wie kostbar jedes einzelne Leben für Gott ist und auch für uns sein sollte. Wenn es aber unser Feind ist, der zum Himmel schreit und dessen Fleisch in Flammen steht, dann weinen wir nicht, sondern wir rufen nach mehr.

Juden erinnern sich ans Mittelalter: an jedes von Christen eingerichtete Getto, jede Zwangstaufe, jeden Karfreitagspogrom, jede Darstellung von Shakespeares blutrünstigem Juden Shylock aus dem »Kaufmann von Venedig«, jede kennzeichnende Kleidung, jeden Aufnäher, jeden Tod aus Gewissensgründen, jeden zugekehrten Rücken, jedes Achselzucken, jedes Schnauben, jede Ohrfeige, jeden Fluch.[36]

Mit ihrer tragischen Geschichte als Hintergrund überrascht es nicht, dass viele Juden in den USA von unserem Anti-Abtreibungs-Standpunkt und unserem Streit um die Heiligkeit des menschlichen Lebens völlig unbeeindruckt sind. Denn sie hören immer noch die Schreie gegen die Juden als angebliche Christusmörder. Die Überlebenden von Auschwitz und Dachau spüren immer noch die Peitschenstriemen auf dem Rücken. Sie sehen immer noch grauenhafte Bilder, schmecken immer noch den Hunger, riechen immer noch das Gas.

Der »pro-life«-Standpunkt ist eine Haltung der Achtung vor den Ungeborenen und den Alten, vor dem Feind, den Verachteten und der Lebensqualität aller Menschen. Sonst ist er nichts als »unechter Schmuck« und »Dorsch-Kaviar«.

Vorwärts kommen wir nur durch rigorose Ehrlichkeit mit uns selbst. Es ist interessant: Immer, wenn die Evangelisten Markus, Lukas und Johannes die Jünger erwähnen, nennen sie den Verfasser des ersten Evangeliums entweder Levi oder Matthäus; in seinem eigenen Evangelium bezeichnet er sich selbst jedoch immer als »Matthäus der Zöllner«, weil er nie vergessen will, wer er gewesen ist und wie weit Jesus sich herabbeugte, um ihn aufzusammeln.

Wir sind alle Zöllner wie Matthäus.

Ehrlichkeit fragt einfach, ob wir offen, bereit und in der Lage sind, diese Wahrheit einzugestehen. Ehrlichkeit beendet unsere Täuschungsmanöver durch das offene Eingeständnis unseres zerbrechlichen Menschseins. Das ist immer unangenehm und schmerzlich, und deshalb bin ich darin nicht besonders gut. Aber in der Wahrheit vor Gott und voreinander zu leben, bringt einen einzigartigen Gewinn. Es ist der Gewinn, den das Gespür für die Wirklichkeit immer bringt. Ich weiß etwas extrem Kostbares. Ich habe Kontakt zu mir selbst, so wie ich bin. Meine Neigung, einen geistlichen Muskelprotz zu spielen, ist torpediert. In dem Maße, wie ich nichts davon wissen will, dass ich ein Bettler bin, wende ich mich von Gott ab, von der Gemeinschaft und auch von mir selbst. Ich werde ein Mensch, der von einer Illusion besessen ist, von falscher Macht und angstvoller Schwäche, unfähig zu denken, zu handeln und zu lieben.

Ein christlicher Psychiater in Washington schreibt: »Ehrlichkeit vor Gott erfordert das grundlegendste Glaubensrisiko, das wir eingehen können: das Risiko zu glauben, dass Gott gut ist und dass er uns bedingungslos liebt. Indem wir dieses Risiko eingehen, entdecken wir unsere Würde wieder. Die Wahrheit über uns selbst vor Gott auszusprechen und ihn beim Wort zu nehmen – das ist das Würdevollste, was wir in diesem Leben tun können.«

Herr Jesus, wir sind blöde Schafe, die dich mit unseren lächerlichen Leistungen zu bestechen versuchten. Plötzlich sind wir wieder zu Bewusstsein gekommen. Es tut uns Leid, und wir bitten dich, dass du uns vergibst. Gib uns die Gnade, dass wir zugeben können, wir sind geistlich Arme und bedürftige Habenichtse. Gib uns die Gnade, dass wir uns unserer Zerbrochenheit stellen können, dass wir deine Barmherzigkeit feiern können, egal, was wir auch tun mögen. Lieber Herr Jesus, schenke uns, dass wir aufhören können, groß zu tun und zu versuchen, Aufmerksamkeit zu erregen. Dass wir die Wahrheit still und ohne Aufhebens tun, die Unehrlichkeiten aus unserem Leben verschwinden lassen, unsere Grenzen akzeptieren, uns am Evangelium von der Gnade festhalten und uns an deiner Liebe erfreuen. Amen.

8. Freiheit von Furcht

In Dostojewskis unvergleichlichem Roman *Die Brüder Karamasow* gibt es eine Geschichte mit dem Titel »Der Großinquisitor«. Sie spielt im späten Mittelalter. Jesus ist auf die Erde zurückgekommen und wird von der Kirche in den Kerker geworfen. Mitten in der Nacht besucht ihn der Großinquisitor und schleudert ihm die Anklage entgegen: »Warum bist du gekommen, um uns zu stören?« In einzigartiger Weise beschreibt Dostojewski, wie die institutionalisierte Kirche Jesus verdrängt hatte, statt ihn zu verkünden. Kirchliche Traditionen und von Menschen gemachte Gesetze hatten Jesus vereinnahmt, und die Kirche lebte vom Erfolg ihrer eigenen Geschicklichkeit, der allerdings schnell zerrann.

Die Kirchenführer konnten das Licht und die Wahrheit Jesu nicht ertragen. Sein Wort »Ihr werdet die Wahrheit erkennen und die Wahrheit wird euch frei machen« schien ihnen unannehmbar. Sie beschlossen, dass die Menschen ganz einfach damit überfordert wären, frei zu sein.

Einfache Leute konnten, so der Großinquisitor, die Last der Freiheit nicht tragen, also nahm die Kirche sie ihnen zu ihrem eigenen Besten ab. Sie würden die Freiheit ja doch nur missbrauchen. Befreit von der Sorge und Qual persönlicher Entscheidungen und Verantwortung, würden sich die Leute im Gehorsam gegenüber der Autorität der Kirche sicher und glücklich fühlen.

»›Sie werden sich über uns wundern‹, sagt der Großinquisitor zu Jesus, ›und uns für Götter halten, weil wir, die wir uns an ihre Spitze stellen, bereit sind, die Freiheit zu ertragen, diese Freiheit, vor der sie zurückschrecken, und weil wir bereit sind, über sie zu herrschen – so schrecklich wird es ihnen zum Schluss werden, frei zu sein. Aber wir werden sagen, wir gehorchten *Dir* und herrschten nur in *Deinem* Namen. Wir werden sie wieder betrügen. Dich werden wir nicht mehr zu uns einlassen ... Warum also bist Du uns stören gekommen?'«

Der Großinquisitor will diesen Jesus, der wiedergekommen ist und noch einmal Freiheit bringt, im Namen der Kirche auf dem Scheiterhaufen verbrennen.[37]

Die Frage lautete nicht: »Was sagt Jesus?«, sondern: »Was sagt die Kirche?« Diese zweite Frage wird auch heute häufig statt der ersten gestellt. Ich wurde das häufig wegen meiner Heirat von Katholiken gefragt. Laut Kirchenrecht darf ein Priester nicht heiraten. Ich stimme mit dieser Vorschrift zwar nicht überein, aber ich verteidige aufs Heftigste das Recht der Kirche, den Zölibat von ihren Priestern zu verlangen. Mit gleichem Eifer weise ich jedoch auch das kirchliche Urteil zurück, dass meine Frau und ich in einer ehebrecherischen Beziehung leben. Hier wird meiner Meinung nach der Versuch unternommen, Gottes Schöpfungswillen durch ein von Menschen gemachtes Recht aufzuheben.

Der auferstandene Jesus ist für die Gemeinschaft seiner Jünger der Weg in die Freiheit. Das Reich Gottes ist ein Reich der Freiheit. Jesus lädt uns ein und fordert uns heraus, dieses Reich zu betreten, auf der königlichen Straße der Freiheit zu gehen, durch die Liebe des Vaters frei gemacht zu werden. Er beruft die geistlich Armen von überall her zur Freiheit von der Angst vor dem Tod und vor dem Leben und zur Freiheit von der Sorge um unsere Erlösung.

Eine der schönsten Zeilen, die ich jemals gelesen habe, stammt von Frère Roger, dem Prior der Brüder von Taizé in Frankreich. »Deiner Rettung gewiss durch die einzigartige Gnade unseres Herrn Jesus Christus.«[38] Es fällt mir immer noch schwer, diese Worte zu lesen, ohne dass mir die Tränen kommen. Christus hat meine Sünden getragen, hat meine Stelle eingenommen, ist für mich gestorben, hat mich von der Angst befreit, so dass ich den Weg des Friedens gehen kann, der zu den zwölf Toren führt (Offenbarung 21,12). Es ist traurig, dass so viele Menschen heute nicht erleben, was Paulus in Römer 8,21 als »die herrliche Freiheit der Kinder Gottes« bezeichnet. Wie wir im ersten Kapitel dieses Buches gesehen haben, nehmen wir die Gnade theoretisch zwar an, aber praktisch leugnen wir sie. Wenn wir durch die Gnade statt durch das Gesetz leben, dann bringt uns das aus dem Raum der Angst in den Raum der Liebe. »Furcht ist nicht in der Liebe, sondern die vollkommene Liebe treibt die Furcht aus; denn die Furcht rechnet mit Strafe. Wer sich aber fürchtet, der ist nicht vollkommen in der Liebe.« (1. Johannes 4,17-18)

Viele bekennen ihren Glauben an die bedingungslose Liebe Gottes, leben aber trotzdem noch in Angst. Henri Nouwen bemerkt dazu: »Schauen Sie sich doch nur die vielen ›Wenn‹-Fragen an, die wir stellen: Was soll ich tun, wenn ich keinen Ehepartner, kein Haus, keinen Job, keinen Freund, keinen Sponsor finde? Was soll ich tun, wenn mir mein Job gekündigt wird, wenn ich krank werde, wenn ein Unfall passiert, wenn ich meine Freunde verliere, wenn meine Ehe kaputt geht, wenn Krieg ausbricht? Was, wenn morgen schlechtes Wetter ist, die Busse streiken oder es ein Erdbeben gibt? Was, wenn jemand mein Geld stiehlt, bei mir einbricht, meine Tochter vergewaltigt oder mich umbringt?«[39]

Wenn diese Fragen unser Leben bestimmen, dann nehmen wir eine zweite Hypothek auf das Haus der Angst auf.

Jesus sagt ganz einfach: »Bleibt in mir und ich in euch« (Johannes 15,4). Das heißt, dass wir nicht irgendwann im Himmel sicher und geborgen sind, sondern dass es schon hier einen sicheren Ort mitten in unserer angstvollen und sorgenbeladenen Welt gibt. »Wer mich liebt, der wird mein Wort halten; und mein Vater wird ihn lieben, und wir werden zu ihm kommen und Wohnung bei ihm nehmen« (Johannes 14,23).

Die Wohnung, das Zuhause, ist der geheiligte Ort – äußerlich oder innerlich –, wo wir keine Angst zu haben brauchen; wo wir sicher sind, dass dort Gastfreundschaft und Liebe herrschen. In unserer Gesellschaft gibt es viele obdachlose Menschen – nicht nur die, die auf der Straße oder in Notunterkünften schlafen, sondern auch

Menschen, die auf der Flucht vor sich selbst sind. Sie suchen ihren sicheren Ort im Alkohol oder in Drogen oder Sicherheit, in Erfolg, Können, Freundschaften, Vergnügen, Wissen und vielleicht sogar in ein bisschen Glauben. Sie sind sich selbst Fremde geworden, Menschen, die zwar eine Adresse haben, die aber nie zu Hause sind, die nie die Stimme der Liebe hören oder die Freiheit der Kinder Gottes erleben.

Zu denen, die auf der Flucht sind, die Angst haben sich umzudrehen aus Angst, sie könnten mit sich selbst zusammenstoßen, sagt Jesus: »Du hast ein Zuhause ... Ich bin dein Zuhause ... nimm mich als dein Zuhause, deine Wohnung in Anspruch ... du wirst feststellen, dass es ein vertrauter Ort ist, wo ich mein Zuhause gefunden habe ... es ist richtig, wo du bist ... ganz in deinem Inneren ... in deinem Herzen.«

Der Verfasser des Hebräerbriefes beschreibt Jesus als den, der »die erlöste, die durch Furcht vor dem Tod im ganzen Leben Knechte sein mussten« (Hebräer 2,15). Das Evangelium von der Freiheit verkündet, dass der Tod nicht mehr die letzte Macht über unser Leben hat.

Und hier ist die Wurzel christlicher Freude und christlichen Staunens. »Wir Christen sollten eigentlich Menschen des Festes und der Fröhlichkeit sein, weil wir von der Angst vor dem Leben und dem Tod befreit worden sind. Wir sollten Menschen in die Gemeinden ziehen buchstäblich durch die Freude, die es macht, Christ zu sein.«

Leider werden wir manchmal trübsinnig, ernst und wichtigtuerisch. Wir fliehen vor dem Angesicht der Freiheit und vergraben uns selbst grimmig immer tiefer. Um es mit den Worten von Teresa von Avila zu sagen: »Vor dummer Frömmigkeit und sauertöpferischen Heiligen verschone uns, oh Herr.«

Verärgert und angewidert stiehlt sich der Fürst der Finsternis hinauf zum Haus der Jünger, die bei Jesus Wohnung gefunden haben, und nagelt ein Dokument an die Tür:

RÄUMUNGSAUFFORDERUNG

Sie werden hiermit für immer
aus dem Haus der Furcht verbannt.
Mit bösartigem Vorsatz haben Sie
die monatliche Miete, bestehend aus
Schuldgefühlen, Sorge, Angst, Beschämung
und Selbstverdammung,
vorsätzlich einbehalten.

Sie haben sich beharrlich geweigert,
sich über Ihre Erlösung Sorgen zu machen.
Ihre Angstfreiheit ist nicht nur gefährlich,
sondern darüber hinaus auch noch ansteckend.
Die Immobilienpreise sind abgestürzt;
leichtgläubige Investoren sind schwer zu finden.
Warum?
Wegen Ihrer verhärteten und sorglosen Ablehnung
der Sklaverei!
Die Syphilis Ihnen und
allen irregeleiteten Liebhabern der Freiheit!
   Der Fürst

Für den Weg in die Freiheit können wir nur Christus oder das Gesetz des Alten Testaments wählen. Judenchristen zur Zeit des Paulus verkündeten, dass es unmöglich sei, die Erlösung zu erlangen ohne Gehorsam gegen das mosaische Gesetz. Sie förderten nicht nur einfach das Befolgen von Regeln, die über das Pflichtmaß hinausgingen, sondern ein anderes Evangelium (Galater 1,6), das das Evangelium von Jesus Christus verzerrt (1,7). »Zur Freiheit hat uns Christus befreit! So steht nun fest und lasst euch nicht wieder das Joch der Knechtschaft auflegen!« (Galater 5,1)

   Paulus schreibt in seinem Brief an die Galater: »Oh ihr unverständigen Galater!« (3,1) Es geht um die Freiheit der Christen. Paulus ist kompromisslos: »Damit wir gerecht werden durch den Glauben an Christus und nicht durch Werke des Gesetzes; denn durch Werke des Gesetzes wird kein Mensch gerecht« (2,16). »Dass aber durchs Gesetz niemand gerecht wird vor Gott, ist offenbar; denn ›der Gerechte wird aus Glauben leben‹« (3,11). »Christus aber hat uns erlöst von dem Fluch des Gesetzes, da er zum Fluch wurde für uns« (3,13).

In der momentanen Erregung des Augenblicks geschrieben, ist der Brief ein leidenschaftliches Manifest christlicher Freiheit. Der Ruf Christi nach unserem Leben ist eine Berufung zur Freiheit. Freiheit ist der Eckstein des Christentums. Würden die Christen, die immer noch in alter Schuld gefangen sind, verkrüppelt durch Angst, erschöpft von übergroßer Gewissenhaftigkeit, bedroht durch Gesetzlichkeit und in Sorge um ihre eigene Erlösung, heute auch diesen Tadel von Paulus zu hören bekommen? »Mich wundert, dass ihr euch so bald abwenden lasst von dem, der euch berufen hat in die Gnade Christi, zu einem andern Evangelium« (1,6).

Natürlich ist die Freiheit kein Freifahrtschein für unsere eigenen Gelüste. Vielleicht ist das aber alles, was wir darüber gehört haben – was Freiheit *nicht* ist. »Ein solcher Ansatz, und er mag ja ein Stückchen Wahrheit enthalten, ist abwehrend und ängstlich. Diejenigen, die ihn verfolgen, wollen uns, mehr als alles andere, vor der Gefahr warnen, zu viel über Freiheit nachzudenken und uns zu sehr danach zu sehnen. Ein solches Denken will uns letztlich weismachen, dass Freiheit eigentlich darin besteht, dem Gesetz Folge zu leisten und sich den Autoritäten unterzuordnen oder ausschließlich gut ausgetretene Pfade zu benutzen. Noch einmal: In solchen Schlussfolgerungen mag ein gewisses Maß an Wahrheit liegen, aber es fehlt ihnen das Gespür für die dunkle Seite des Gesetzes, der Autorität und der ausgetretenen Pfade. Sie sind immer wieder in Instrumente der Tyrannei und des menschlichen Leidens verwandelt worden.«[40]

»Der Herr ist der Geist; wo aber der Geist des Herrn ist, da ist Freiheit« (2. Korinther 3,17). Wie sieht Freiheit im Geist aus? Freiheit in Christus führt zu einer gesunden Unabhängigkeit von Gruppendruck, von der Zustimmung und vom Respekt anderer Menschen. Die Tyrannei des »Man« kann unser Leben außerordentlich stark manipulieren. Was sollen die Nachbarn denken? Was werden meine Freunde dazu sagen? Die Erwartungen anderer können einen unterschwelligen und kontrollierenden Druck auf unser Verhalten ausüben.

Wie das Chamäleon je nach den Lichtverhältnissen die Farben wechselt, so stellt sich der Christ, der will, dass alle gut von ihm denken, auf jede neue Situation und Person ein und passt sich ihr an. Ohne ein stabiles und widerstandsfähiges Selbstbild kann eine Frau verschiedenen Männern ein völlig unterschiedliches Bild von sich selbst vermitteln: Ihrem Seelsorger gegenüber kann sie fromm sein, ihrem Chef gegenüber verführerisch. Je nach Gesellschaft und Umständen kann ein Mann entweder ein fromm redender Diener Gottes sein oder ein unflätiger Kerl. Ein ausgeformter Charakter ist bei vielen Christen auffällig häufig nicht zu erkennen. Stattdessen versuchen sie, mit einer großen Bandbreite von Möglichkeiten, Identitäten und Beziehungen zu experimentieren. Aber die Suche nach der eigenen Identität bringt häufig nicht mehr Klarheit, sondern Unklarheit. Man kriegt die Leute nicht zu packen, alles ist im Fluss.

Durch Jesus Christus können wir angstfrei leben. Wir brauchen nicht mehr daran zu denken, wie wir wirken, und können uns frei bewegen, so wie wir sind. Wenn wir uns ausschließlich damit beschäftigen, einen »netten Typ« darzustellen, und so sehr von der Achtung und dem Respekt anderer abhängig sind, werden wir befangen und zappeln unfrei im eisernen Griff menschlicher Achtung. Unbewusst verkleiden wir vielleicht das Gebet des Pharisäers (»Ich danke dir, Gott, dass ich nicht bin wie die anderen Leute, Räuber, Betrüger...«) mit den Worten des Zöllners (»Gott, sei mir Sünder gnädig!«). Bei den meisten Menschen dauert es lange, bis der Geist der Freiheit sie von dem unterschwelligen zwanghaften Wunsch reinigt, für eingeübtes Gutsein bewundert zu werden. Erst wenn wir ahnen, wie wir als Erlöste wirklich sind, können wir die Gelegenheit sausen lassen, anderen gegenüber dankbar und gut zu wirken.

Das Almosengeben bietet eine solche Gelegenheit, aber der Beifall, den wir vielleicht für unsere großzügige Spende bekommen, führt nicht zur Tugend, sondern zur Befangenheit.

Wer kann dem Wunsch entkommen, sich selbst Gutes tun zu sehen, wenn selbst die Kirchen meisterhaft die Techniken beherrschen, Menschen so in Verlegenheit zu bringen, dass sie spenden? Wie kann großzügiges und freiwilliges Geben, wo die eine Hand nicht weiß, was die andere tut, das Spenden aus steuerlichen Gründen überleben und all das, was uns unter dem schlauen Druck der Beschämung und der Schuldgefühle an Wohltätigkeit entlockt wird?

Der Bericht vom Scherflein der Witwe (Markus 12,41-44) besagt, dass die besten Gaben aus dem liebenden Herzen von Männern und Frauen kommen, die nicht versuchen, jemanden zu beeindrucken, nicht einmal sich selbst, und die deshalb zur Freiheit gelangt sind, weil sie nicht davon ausgehen, dass das Leben es ihnen schuldig ist zurückzuzahlen, was sie Gutes getan haben.

Ich habe bei meiner ersten Begegnung mit den Anonymen Alkoholikern einen entscheidenden Durchbruch in die Freiheit der Kinder Gottes erlebt. Früher hatte ich nicht nur großen Wert darauf gelegt, gut auszusehen; ich hatte mir auch zu viele Gedanken darüber gemacht, wer zu mir hinschaute. Mein Selbstbild als Mann Gottes und als disziplinierter Nachfolger Christi musste um jeden Preis geschützt werden. Meine Unsicherheit führte dazu, dass mein Selbstwertgefühl wie ein Segelboot im Wind der Zustimmung oder der Ablehnung der anderen stieg und fiel. Es war ein großer Moment der Befreiung aufzustehen, den Sockel, auf dem ich stand, wegzustoßen und einfach festzustellen: »Mein Name ist Brennan; ich bin Alkoholiker.«

Mein Seelsorger sagte einmal: »Brennan, hör auf zu versuchen, so auszusehen und zu klingen wie ein Heiliger. Das macht es für alle viel leichter.«

Aus der Gnade zu leben, lässt mich immer mehr erkennen, dass ich das bin, was ich in den Augen Jesu bin. Nicht mehr und nicht weniger. Es ist seine Zustimmung, die zählt. Wenn wir in Jesus Wohnung nehmen, so wie er in uns Wohnung nimmt, führt das bei uns zu kreativem Hören auf das, was Jesus sagt. Dann hören wir: »Ich bin stolz darauf, dass du das Geschenk des Glaubens angenommen hast. Stolz, dass du dich aus freien Stücken für mich entschieden hast, nachdem ich dich als dein Freund und dein Herr erwählt hatte. Stolz, dass du mit all deinen Ecken und Kanten nicht aufgegeben hast. Stolz, dass du genug an mich glaubst, um es immer wieder zu versuchen. Ist dir das schon einmal in den Sinn gekommen?

Bist du dir bewusst, dass ich dich wertschätze, weil du mich willst? Ich möchte, dass du weißt: Wenn du innehältst und einem Kind, das sich verlaufen hat, zulächelst und es tröstest, bin ich dankbar für dich! Ich bin dankbar für die Stunden, in denen du dich mit mir beschäftigst, um mehr über mich zu erfahren; für das ermutigende Wort für deinen ausgebrannten Seelsorger, für deinen Besuch bei den Gefangenen, für deine Tränen um die geistig Behinderten. Was du ihnen getan hast, das hast du mir getan. Ich bin traurig, wenn du nicht glaubst, dass ich dir völlig vergeben habe, und wenn du dich nicht so recht in meine Nähe traust.«

Gebet ist ein anderes Gebiet, mit dem sich viele abmühen, weil ihnen nicht klar ist, dass es in der Freiheit des Geistes so viele Möglichkeiten zu beten gibt wie einzelne Gläubige. Die oberste Regel für das Gebet bleibt das Wort von Don Chapman: »Bete, wie du kannst; bete nicht, wie du nicht kannst.«

Nehmen wir einmal an, Sie schenken Ihrer dreijährigen Tochter ein Malbuch und eine Packung Buntstifte zum Geburtstag. Am nächsten Tag zeigt sie mit einem stolzen Lächeln, wie es nur kleine Kinder zustande bringen, ihre ersten Bilder. Sie hat die Sonne schwarz gemalt, das Gras lila und den Himmel grün. Links unten in der Ecke hat sie wunderbare Krakel und Schnörkel hinzugefügt, in der rechten Ecke eine prächtige Umrahmung aus bunten, unbekümmerten Kringeln. Sie staunen über ihren kühnen Strich und spüren, dass ihre Psyche sich gegen ihre eigene Winzigkeit auflehnt angesichts einer großen, hässlichen Welt. Später im Büro zeigen Sie die ersten künstlerischen Versuche Ihrer Tochter und lassen versteckte Vergleiche mit dem Frühwerk von van Gogh fallen. Ein kleines Kind kann nicht schlecht malen, genauso wenig wie ein Kind Gottes schlecht beten kann.

»Ein Vater ist entzückt, wenn sein Kind Spielzeug und Freunde links liegen lässt, zu ihm hinrennt und auf seinen Schoß klettert. Während er sein Kind ganz fest an sich drückt, kümmert es ihn wenig, ob das Kind um sich schaut und seine Aufmerksamkeit von einer Sache zur anderen wechselt oder ob es sich einfach einkuschelt und schläft. Wesentlich ist, dass das Kind sich dafür entschieden hat, bei seinem Vater zu sein, sich seiner Liebe, seiner Fürsorge und der Sicherheit in seinen Armen gewiss ist. Unser Gebet ist ganz ähnlich. Wir kommen in den Armen des Vaters, in seinen liebevollen Händen zur Ruhe. Unsere Gedanken, unsere Fantasie mag nach hier und da springen; ja vielleicht schlafen wir sogar ein; wesentlich ist, dass wir uns dafür entschieden haben, für diese bestimmte Zeit intensiv mit dem Vater zusammen zu sein, uns ihm ganz auszuliefern, seine Liebe und Fürsorge zu empfangen und ihn auch seine Freude an uns haben zu lassen, wie er will. Es ist ein sehr einfaches Gebet. Ein kindliches Gebet. Es ist das Gebet, das uns offen macht für all die Köstlichkeiten des Reiches Gottes.«[41]

Jesu zärtliche Zuwendung ist in keiner Weise dadurch bestimmt, wie wir beten, was wir sind oder tun. Jesus will uns zum Mitfühlen mit anderen befreien. Wir sollen seine Anteilnahme an unserem Leben annehmen, sanft werden, fürsorglich, mitfühlend und bereit, uns in unserem Versagen und in unserer Bedürftigkeit selbst zu vergeben.

Mitgefühl für andere ist nicht nur eine einfache Tugend, weil es vorschnelle Urteile meidet – richtig oder falsch, gut oder schlecht, Held oder Bösewicht; Mitgefühl sucht die Wahrheit in ihrer ganzen Vielschichtigkeit. Echtes Mitgefühl, echte Anteilnahme bedeutet, dass wir in unserem Mitfühlen mit den gescheiterten Plänen und der ungewissen Liebe des anderen das Signal aussenden: »Ja, Außenseiter, ich verstehe dich. Ich bin auch an diesem Punkt gewesen.«

Eine junge, dynamische Managerin zeigte Anzeichen von Stress und Überanstrengung. Der Arzt verschrieb ihr Beruhigungsmittel und bat sie, in ein paar Wochen wiederzukommen und ihm zu berichten, wie es ihr ergangen sei.

Als sie nach ein paar Wochen wieder bei ihm war, fragte er sie, ob sie sich anders fühle. Sie sagte: »Nein, aber ich habe beobachtet, dass die anderen Leute viel entspannter wirken.« Normalerweise sehen wir andere nicht so, wie sie sind, sondern so, wie wir sind. Ein Mensch ist das, was er sieht. Und wie wir sehen und was wir sehen, hängt von unseren Augen ab.

Jesus benutzt die Metapher vom Auge häufiger, wenn er von unserem Denken oder dem Willen spricht. Das alte Sprichwort »Die Augen sind das Fenster der Seele« enthält eine grundlegende Wahrheit. Unsere Augen offenbaren, ob in unserer Seele Platz ist oder ob sie vollgestopft und eng ist, gastfreundlich oder kritisch, mitfühlend oder verurteilend.

Wie wir andere Menschen sehen, so sehen wir uns normalerweise auch selbst. Wenn wir Frieden geschlossen haben mit unserem zerbrechlichen Menschsein und unsere Identität als bedürftige Außenseiter angenommen haben, dann sind wir in der Lage, bei anderen zu tolerieren, was wir zuvor an uns selbst unannehmbar fanden.

Eines Abends kam ein scheinbar von sich selbst eingenommener junger Mann zu uns, um unsere Tochter zu einer Verabredung abzuholen. Während er darauf wartete, dass Simone ihr Schönheitsritual beendete, ging er im Flur auf und ab, nahm mehrere Posen ein, murmelte einige einsilbige Geistlosigkeiten, betrachtete sich genauestens im Spiegel und versuchte, ein Flair von Nonchalance hinzubekommen. Was war das für ein Typ? War er narzisstisch oder einfach wie viele junge Menschen isoliert und einsam und fand keinen Zugang zu dem, was unter seiner Oberfläche in ihm war? Gab es hinter seiner Maske eingeübter Posen und Eitelkeit eine sehnsüchtige, erwartungsvolle Entspanntheit?

Das Urteil hängt davon ab, was wir sehen, wie tief wir in den anderen hineinblicken, wie ehrlich wir uns selbst gegenüber sind, wie bereit wir sind, die menschliche Geschichte hinter dem erschrockenen Gesicht zu erkennen.

Die Sanftheit Jesu im Umgang mit Sündern kam daher, dass er in ihren Herzen lesen konnte. Hinter ihren verdrießlichsten Posen und den ärgerlichen Abwehrmechanismen, hinter ihrer Arroganz und ihrem Getue, hinter ihrem Schweigen, ihrem Spott und Hohn sah Jesus kleine Kinder, die nicht genug geliebt worden waren und die aufgehört hatten, sich zu entwickeln, weil irgendjemand aufgehört hatte, an sie zu glauben. Deshalb sprach er von ihnen als von »Kindern«, egal wie groß, reich, klug oder erfolgreich sie auch sein mochten.

»Eurer Erlösung gewiss durch die einzigartige Gnade unseres Herrn Jesus Christus...« ist der Herzschlag des Evangeliums, freudige Befreiung von der Angst vor dem Endergebnis, eine Aufforderung zur Selbstannahme und zur Freiheit zu Mitgefühl für andere.

Das, worum es geht, ist keine triviale Angelegenheit. Mitfühlende Liebe ist der Dreh- und Angelpunkt der christlichen Revolution und das einzige jemals von Jesus genannte Merkmal, an dem ein Jünger zu erkennen sein würde: »Ein neues Gebot gebe ich euch, dass ihr euch untereinander liebt, wie ich euch geliebt habe, damit auch ihr einander lieb habt. Daran wird jedermann erkennen, dass ihr meine Jünger seid, wenn ihr Liebe untereinander habt« (Johannes

13,34-35). Dies ist die neue Gebotsstruktur des Neuen Bundes im Blut Jesu Christi. Die Vorschrift geschwisterlicher Liebe ist so zentral, dass Paulus sie ohne zu zögern als Erfüllung des gesamten Gesetzes und der Propheten bezeichnet (Römer 13,8-10). Übertreibung ist hier nicht die Gefahr. Die Gefahr lauert in unseren unterschwelligen Versuchen, unser mäßiges Engagement in dieser Hinsicht wegzudiskutieren. Die andere Wange hinzuhalten und eine Extra-Meile zu gehen, keinen Widerstand bei Verletzung zu bieten und sieben mal siebzigmal zu vergeben, sind keine kosmischen Marotten des Menschensohnes. »Denn in Christus gilt . . . der Glaube, der durch die Liebe tätig ist« (Galater 5,6).

»Der Verstand verlangt Maßhalten in der Liebe wie in allem anderen«, schreibt John McKenzie, »aber der Glaube verhindert an dieser Stelle das Maßhalten. Der Glaube lässt die mäßige Liebe eines Nächsten genauso wenig wie eine moderate Liebe zwischen Gott und den Menschen zu.«[42]

Noch einmal, Sanftheit uns selbst gegenüber bildet den Kern unserer Sanftheit mit anderen. Wenn wir das Mitleiden Christi verinnerlicht haben (»Das geknickte Rohr wird er nicht zerbrechen, und den glimmenden Docht wird er nicht auslöschen« Matthäus 12,20), dann geschieht ein Durchbruch zu einer mitfühlenden, anteilnehmenden Haltung anderen gegenüber. Diese Sanftheit bringt uns selbst und anderen Heilung. Solidarität mit Außenseitern befreit denjenigen, der Mitgefühl erfährt, ebenso wie den, der es gibt, in dem sicheren Bewusstsein: »Ich bin jetzt für den anderen ›der Nächste‹.«

Ganz bestimmt haben auch *konsequente Liebe* und Disziplin ihren Platz in christlichen Familien. Wenn Kinder nicht den Unterschied zwischen Richtig und Falsch lernen, dann können sie leicht neurotisch werden. Aber nur die Strenge aus Liebe ist lenkend und produktiv. Harte, unterdrückende Strenge, die ihre Wurzeln in Wut und Vergeltungswünschen hat, ist in Familie und Gemeinde spaltend und bewirkt das Gegenteil von dem, was sie erreichen will. Einem süchtigen Teenager ein Ultimatum zu stellen nach dem Motto: »Lass dich behandeln oder verschwinde«, ist eine liebevolle und vielleicht lebensrettende Reaktion, solange eindeutig zwischen der Handlung und dem Handelnden unterschieden wird.

Bei der Selbsthilfeorganisation der Anonymen Alkoholiker kam es in der Anfangsphase zu einer lebhaften Diskussion darüber, welche Kriterien jemand erfüllen müsste, um Mitglied werden zu können. Konnten Leute aus irgendwelchen Gründen ausgeschlossen werden, so wie es in manchen vornehmen Clubs und Vereinen gehandhabt wurde? Wer durfte rein und wer musste draußen bleiben? Wer sollte entscheiden, ob ein bestimmter Alkoholiker es »wert« war oder nicht? Manche vom innersten Kern der Gruppe befürworteten, dass nur Persönlichkeiten mit moralischem Verantwortungsgefühl Mitglieder werden sollten; andere bestanden darauf, dass das einzige Zulassungskriterium das schlichte Eingeständnis sein sollte: »Ich bin Alkoholiker. Ich möchte mit dem Trinken aufhören.«

Die Diskussion wurde auf ganz ungewöhnliche Weise beendet. Nach dem Kalender der Anonymen Alkoholiker war es das Jahr zwei. Damals war nichts zu erkennen als zwei namenlose streitende Gruppen von Alkoholikern, die versuchten, mit dem Kopf über Wasser zu bleiben.

Bei einer dieser Gruppen tauchte ein Neuer auf, klopfte an die Tür und bat um Einlass. Er sprach offen mit dem ältesten Mitglied der Gruppe und stellte schnell klar, dass seine Lage verzweifelt war. Mehr als alles andere wollte er wieder gesund werden. »Ich muss Ihnen sagen, dass ich Opfer noch einer weiteren Sucht bin, durch die ich noch geächteter und ausgegrenzter bin als durch meinen Alkoholismus. Vielleicht wollen Sie mich nicht in Ihrer Gruppe haben. Werden Sie mich in die Gruppe aufnehmen oder nicht?«

Da hatten sie nun das Dilemma. Was sollte die Gruppe tun? Das älteste Gruppenmitglied rief zwei andere zu sich und legte ihnen vertraulich die explosiven Fakten vor. Er sagte: »Nun, was sollen wir tun? Wenn wir diesen Mann wegschicken, wird er bald sterben.

Wenn wir ihn aufnehmen, dann weiß Gott allein, welche Probleme er uns machen wird. Wie lautet die Antwort? Ja oder nein?«

Zuerst konnten die beiden anderen nur sehen, was gegen eine Aufnahme sprach. »Eigentlich nehmen wir nur Alkoholiker auf«, sagten sie. »Sollten wir nicht diesen einen opfern um der vielen anderen willen?« Doch dann betrachtete einer der drei die Frage aus einem ganz anderen Blickwinkel: »Worum wir eigentlich Angst haben, ist unser Ruf. Wir haben viel mehr Angst vor dem, was die Leute sagen, als vor den Problemen, die der Alkoholiker mitbringen könnte. Während wir geredet haben, sind mir immer wieder fünf kurze Worte in den Sinn gekommen: Was würde der Meister tun?«

Darauf sagte keiner von ihnen ein Wort, und die Sache war entschieden.

Nicht nur die katholische Kirche hat bei unzähligen Gelegenheiten gegen die Freiheit der Kinder Gottes gesündigt. Wurden nicht auch Irrlehrer und Gegner von Gemeinden der Reformation mit Gewalt bekämpft, statt sie mit Liebe zu überzeugen und zu gewinnen? Gibt es nicht einen Mangel an Freiheit wie Willkür, autoritäres Vorgehen und Totalitarismus in anderen Formen mehr oder weniger gut getarnt auch unter Christen anderer Denominationen, und oft sogar stärker in kleinen Gruppen als in den großen Kirchen?

Aber nichts von alledem ist entscheidend. Das Entscheidende ist die Freiheit des Evangeliums von Jesus Christus. Der Grund und die Quelle der Freiheit liegt nicht in uns selbst, die wir von Natur aus Knechte der Sünde sind, sondern in der *Freiheit seiner Gnade,* uns in Christus durch den Heiligen Geist zu befreien. Wir sind frei von der Knechtschaft der Sünde – und zwar durch die rettende Gnade des lebendigen Gottes!

Der Großinquisitor bei Dostojewski, ein uralter Greis mit zerfurchtem Gesicht und eingesunkenen Augen, beendete schließlich seine scharfe Anklage gegen die vermeintliche Naivität und den Idealismus Jesu.

»Nachdem der Inquisitor verstummt ist, wartet er noch eine Weile, was der Gefangene ihm antworten werde. Dessen Schweigen bedrückt ihn. Er hat gesehen, wie der Gefangene ihn die ganze Zeit anhörte, und wie tief und still Er ihm in die Augen blickte, offenbar ohne etwas entgegnen zu wollen. Der Greis aber hätte gewünscht, dass Er ihm etwas sage und wäre es selbst etwas Bitteres, Furchtbares. Er aber nähert sich schweigend dem Greise und küsst ihn still auf die blutleeren neunzigjährigen Lippen. Das ist seine ganze Antwort. Der Greis zuckt zusammen. Und dann erbebt etwas an den Mundwinkeln des greisen Großinquisitors; er geht zur Tür des gewölbten Verlieses, öffnet sie und sagt zu Ihm: ›Geh . . .‹ Und der Kuss glühte im Herzen des alten Mannes.«[43]

9. Der zweite Ruf

Viele Leute im Alter zwischen dreißig und sechzig – unabhängig davon, welche gesellschaftliche Stellung sie erreicht und was sie persönlich bereits geleistet haben – erleben irgendwann einen Wendepunkt in ihrem Leben.

Ein Mann kann eine eindrucksvolle Liste von Ehrungen und dicken Bankkonten aufzuweisen haben, sein Name kann im *Who's Who* stehen, und trotzdem wacht er eines Morgens auf und fragt sich: »Ist es das alles wert?« Fähige Lehrer, Krankenschwestern und Geistliche können ganz nach oben kommen, nur um dort festzustellen, dass die Arbeit sie nicht mehr begeistert. Jetzt können sie nicht mehr höher aufsteigen und stellen fest, dass Stillstand für sie ein einziger Schrecken ist. »Soll ich noch mal einen anderen Beruf ergreifen? Soll ich eine ganz neue Ausbildung machen? Ob mir das helfen würde?«

Eine Journalistin erzählt von einem Wendepunkt ihres Lebens. Sie war fünfunddreißig Jahre alt und in Nordirland, um eine Geschichte zu recherchieren. Da wurde direkt neben ihr ein junger Mann von einer Kugel ins Gesicht getroffen. An jenem »blutigen Sonntag« in Londonderry wurde die Journalistin mit dem Tod konfrontiert und mit etwas, das sie als »die Arithmetik des Lebens« bezeichnete. Sie dachte plötzlich: »Keiner ist bei mir, niemand beschützt mich. Es gibt niemanden, der mich niemals allein lassen würde.« Das brachte sie völlig aus dem Gleichgewicht. Viele schmerzliche Fragen über den Sinn und den Wert des Lebens überfielen sie.

Es braucht keine Gewehrkugel zu sein, die eine Wende auslöst. Eine fündunddreißigjährige verheiratete Frau erfährt, dass ihr Mann ihr untreu ist. Ein vierzigjähriger Firmenchef stellt fest, dass das Geldverdienen ihm plötzlich völlig absurd vorkommt. Ein fünfundvierzigjähriger Journalist wird bei einem Autounfall schwer verletzt. Wie auch immer es passiert, solche Leute sind verwirrt und fühlen sich verloren. Sie schaffen es nicht, ihr Leben so in Ordnung zu halten, dass es funktioniert. Sie werden weggezerrt von selbst gewählten und geliebten Lebensmustern und mit merkwürdigen Krisen konfrontiert. Das ist ihr Wendepunkt, an dem etwas Neues beginnt.

In Anne Tylers Roman *Atemübungen*, für den sie den Pulitzerpreis bekam, fährt die Hauptfigur, eine Frau mittleren Alters, mit ihrem Mann eine Landstraße entlang. Plötzlich ruft sie aus:»Oh, was sollen wir bloß mit dem Rest unseres Lebens anfangen?« Das ist die Frage des neuen Lebens, einer Art zweiten Reise.

Zweite Reisen münden gewöhnlich in eine stille neue Weisheit und darin, dass man zu einem neuen Gespür für das eigene Ich gelangt, wodurch viel Kraft freigesetzt wird. Es ist eine erwachsene Weisheit. Man hat ein gewisses Maß an Ausgeglichenheit und Stabilität erlangt und neuen Sinn und neue Träume gefunden. Es ist eine Weisheit, die manche Dinge aufgibt, manches sterben lässt und menschliche Grenzen akzeptiert. Die merkt: Ich kann nicht erwarten, dass irgendjemand mich völlig versteht. Es ist eine Weisheit, die die Unvermeidlichkeit von Alter und Tod eingesteht.

Diese Weisheit ist mit Schmerz konfrontiert gewesen, den Eltern, Ehepartner, Familie, Freunde, Kollegen oder Geschäftspartner zufügen. Sie hat wirklich vergeben und mit unerwartetem Mitgefühl zugestanden, dass all diese Menschen weder Engel noch Teufel sind, sondern ganz einfach Menschen.

Die zweite Reise beginnt, wenn wir wissen, dass wir den Nachmittag unseres Lebens nicht nach dem Vormittagsprogramm und im Vormittagstempo leben können. Uns ist bewusst, dass wir nur ein begrenztes Maß an Zeit haben, um das zu schaffen, was wirklich wichtig ist – und dieses Bewusstsein beleuchtet für uns das, was wirklich wichtig ist, was wirklich zählt. Dieses Wissen führt zu einer neuen Mitte.

Für Christen ist diese Wende oft von einem zweiten Ruf unseres

Herrn begleitet. Der zweite Ruf lädt uns ein zu ernsthaftem Nachdenken über unseren Glauben an das Evangelium der Gnade, über unsere Hoffnung auf das Neue und noch nicht Vorhandene und über unsere Liebe zu Gott und den Menschen. Der zweite Ruf ist ein Aufruf zu einer tieferen, reiferen Verbindlichkeit im Glauben. Durch die Erfahrung von Schmerz, Ablehnung, Scheitern, Einsamkeit und Selbsterkenntnis haben sich die Naivität, die erste Begeisterung und der nicht hinterfragte Idealismus in einen tiefen, reifen Glauben verwandelt. Der Ruf fragt: »Akzeptierst du wirklich die Botschaft, dass Gott Hals über Kopf in dich verliebt ist?« In dieser Frage liegt der Kern für geistliches Reifen und unsere Weiterentwicklung. Wenn wir tief im Herzen eigentlich nicht glauben, dass Gott uns liebt, wie wir sind, wenn wir immer noch mit der Lüge leben, dass wir etwas tun können, damit Gott uns mehr liebt, lehnen wir damit die Botschaft vom Kreuz ab.

Was hindert uns daran, dem zweiten Ruf zu folgen? Ich sehe drei Hindernisse: eine Krise des Glaubens, der Hoffnung und der Liebe.

Das erste Hindernis ist eine *Krise unseres Glaubens*. Stellen Sie sich vor, Jesus ruft Sie heute. Er lädt Sie zum zweiten Mal ein, die Liebe seines Vaters anzunehmen. Vielleicht antworten Sie: »Oh, das weiß ich. Das ist doch ein alter Hut. Ich lese dieses Buch eigentlich, weil ich in einem Anfall von Eifer neue Erkenntnisse gesucht habe. Ich bin nicht gerade wild darauf. Ich werde mir alles anhören, was du zu sagen hast, also mach weiter, sag mir etwas Neues. Das Alte kenne ich schon.«

Gott antwortet: »Du weißt nicht, wie sehr ich dich liebe. Der Augenblick, in dem du meinst zu verstehen, ist der Augenblick, in dem du gar nichts verstehst. Ich bin Gott und kein Mensch. Du redest mit anderen über mich – dass ich ein liebender Gott bin. Deine Worte sind gut gewählt. Meine Worte sind mit dem Blut meines einzigen Sohnes geschrieben. Nächstes Mal, wenn du mit einer so penetranten Vertrautheit über meine Liebe sprichst, komme ich vielleicht und mische dir deinen gesamten Gebetskreis auf. Wenn du mir mit eingeübter Professionalität kommst, dann werde ich dich als blutigen Anfänger bloßstellen. Wenn du versuchst, andere davon zu überzeugen, dass du weißt, worüber du redest, werde ich dir sagen, dass du den Mund halten und auf dein Angesicht fallen sollst.

Du behauptest, du wüsstest, dass ich dich liebe: Wusstest du, dass ich jedes Mal, wenn du das sagst, danke sage? Wenn dein Sohn zu dir kommen und dich fragen würde: ›Magst du Susan mehr, weil sie besser Skaten kann und ein Mädchen ist?‹, bist du dann traurig darüber, dass dein Kind dir nicht vertraut? Weißt du eigentlich, dass du genau das Gleiche mit mir machst?

Weißt du, was wir einander mitteilten, wenn Jesus sich an einen einsamen Ort zurückzog oder eine Nacht mit mir allein auf dem Berg verbrachte? Weißt du, woher die Inspiration kam, den Zwölfen die Füße zu waschen? Verstehst du, dass dein Gott einzig durch die Liebe dein Diener wurde?

Hast du getrauert bei dem Befehl Gottes an Abraham, seinen einzigen Sohn auf dem Berg Morija zu opfern? Warst du erleichtert, als der Engel eingriff, Abrahams Hand zurückhielt und das Opfer nicht erbracht werden musste? Hast du vergessen, dass am Karfreitag kein Engel eingriff? Das Opfer wurde erbracht, und es war mein Herz, das dabei brach.

Bist du dir bewusst, dass ich Jesus am Ostermorgen von den Toten auferwecken *musste*, weil meine Liebe ewig ist? Bist du ernsthaft davon überzeugt, dass ich dich auch auferwecken werde, mein adoptiertes Kind?«

Glaube heißt, Gott zu wollen und sonst nichts.

Wenn wir Gottes Liebe als selbstverständlich betrachten, schieben wir ihn in eine Ecke und verbauen uns die Chance, dass er uns auf *ganz neue und überraschende* Weise liebt. Dann fängt unser Glaube an zu schrumpfen und zu verkümmern. Wenn wir geistlich so »fortgeschritten« sind, dass unser himmlischer Vater für uns ein alter Hut ist, dann ist es mit dem Vater aus, Jesus ist gezähmt, der Geist ist mit Beschlag belegt und das Pfingstfeuer gelöscht. Glaube nach dem Evangelium ist das Gegenteil von Lauheit. Er bedeutet immer eine grundlegende Unzufriedenheit mit unserem gegenwärtigen Zustand.

Im Glauben gibt es Bewegung und Entwicklung. Jeden Tag gibt es etwas Neues. Um Christ zu sein, *muss der Glaube neu sein,* lebendig, und er muss sich entwickeln. Er kann nicht statisch und fertig sein. Wenn die Bibel, das Gebet, die Anbetung und die Nächstenliebe zur Routine werden, sind wir tot. Wenn ich zu dem Schluss komme, dass ich jetzt mit der Ehrfurcht gebietenden Liebe Gottes umgehen und fertig werden kann, gebe ich mich mit den seichten Stellen zufrieden und vermeide die Tiefen. Aber eher bringe ich die Niagarafälle in einer Kaffeetasse unter, als dass ich die heftige, unfassbare Liebe Gottes ganz begreife. Wenn unser Glaube kritisiert wird, dann soll das wenigstens aus den richtigen Gründen geschehen. Nicht weil wir zu emotional sind, sondern weil wir nicht emotional genug sind; nicht weil unsere Leidenschaft so stark ist, sondern weil sie so gering ist; nicht weil wir zu liebevoll sind, sondern weil es uns an tiefer, leidenschaftlicher, kompromissloser Liebe zu Jesus Christus mangelt.

Vor ein paar Jahren ging ich für einen Monat in die schneebedeckten Berge von Pennsylvania in die Stille. Während dieser gesamten Zeit hallte ein Wort in meinem Herzen wider. Auf Golgatha hat Jesus das nicht gesagt, obwohl er es hätte sagen können, aber er sagte es jetzt: »Ich sterbe dafür, bei dir zu sein. *Wirklich, ich sterbe dafür, bei dir zu sein.*« Es war, als riefe er mich zum zweiten Mal. Ich merkte, dass alles, was ich wusste, Stroh war. Ich hätte mir nie träumen lassen, wie seine Liebe sein kann. Der Herr trieb mich tiefer in die Einsamkeit, und wenn ich betete, suchte ich nicht nach Sprachen, Heilung, Prophetie oder guten Glaubenserfahrungen, sondern nach *Verständnis* und reinem, leidenschaftlichem Sein in der Gegenwart Gottes.

Der zweite Ruf zieht uns in einen tieferen Glauben hinein. *Glaube ich wirklich die Gute Nachricht von Jesus Christus?* Höre ich sein Wort, das zu meinem Herzen spricht: »Schalom, Friede sei mit dir, ich verstehe dich«? Und wie reagiere ich auf seinen zweiten Ruf: »Du kannst meiner Liebe sicher sein. Du brauchst nichts dafür zu zahlen. Du hast sie nicht verdient, und du kannst sie dir nicht verdienen. Du musst dich nur für sie öffnen und sie annehmen. Du musst nur ja sagen zu meiner Liebe – einer Liebe jenseits von allem, was du verstehen oder dir auch nur vorstellen kannst«?

Eine Krise unseres Glaubens ist das erste Hindernis, den neuen Ruf Jesu anzunehmen. Die zweite Hürde ist eine *Krise unserer Hoffnung*. In Matthäus 22 beschreibt Jesus das Reich Gottes als ein Hochzeitsfest. Glauben wir wirklich, dass wir auf ein Hochzeitsfest gehen, das schon angefangen hat? Haben wir Gewissheit darüber, was mit uns auf dieser Welt passiert, oder sind wir ängstlich und pessimistisch? Feiern wir unsere Vereinigung mit dem Bräutigam?

Letzten Sommer waren wir an der Küste von New Jersey in Urlaub. Eines Abends machte ich einen Spaziergang um einen künstlich angelegten See herum. Auf der anderen Seite des Sees gibt es ein Gebäude, in dem man Partys, Hochzeiten usw. feiern kann. Über hundert Menschen standen vor dem Haupteingang Schlange. Sie kamen gerade von einer Trauung in der Kirche und wollten jetzt am Empfang des Brautpaares teilnehmen. Das Fest hatte schon angefangen. Die Gäste konnten Musik und Gelächter hören, es wurde getrunken und getanzt. Und der Ausdruck auf ihren Gesichtern! Sie platzten fast vor erwartungsvoller Ungeduld. Es waren Plätze für sie reserviert; trotzdem konnten sie es kaum erwarten, bis sie endlich drinnen waren.

Aber die meisten Christen stehen vor der Tür zum Festsaal, hören von draußen den Spaß und spüren die Festlichkeit drinnen, immer noch halb hoffend, dass dort auch wirklich ein Bankett stattfindet und dass die Welt ein Fest ist. Wir würden gern reingehen und mitfeiern, aber was ist, wenn da drinnen gar kein Fest stattfindet? Wenn alles nur ein Trick ist?

Warum gehen so viele Christen nicht hinein? Weil wir sicher sind, dass da drinnen kein perfektes Fest stattfindet, und zwar aufgrund der simplen Tatsache, dass wir noch zwischen dem Kreuz und der Auferstehung leben. Das Leid in der Welt ist noch nicht beendet. Unsere Erfahrung ist sehr oft die des Kreuzes, nicht der Auferstehung. Das Christentum leugnet nicht die Realität des Leides und des Bösen. Als Jesus vom Berg der Verklärung wieder herunterkam, erklärte er seinen Jüngern, dass er nach Jerusalem hinaufgehen würde – dass er hingerichtet werden und über den Tod triumphieren würde. Jesus rechnete nicht damit, dass ihm Leiden erspart bleiben würde. Er wusste, es würde nötig sein. Doch er war sich des Sieges gewiss. Unsere Hoffnung und unsere Zusage zum Fest beruhen nicht auf der Vorstellung, dass wir von Schmerz und Leid verschont bleiben werden. Sie beruht vielmehr auf der Überzeugung, dass wir über das Leid triumphieren werden.

Glauben Sie, dass Sie leben werden – vor und nach dem Sterben? Das ist nämlich der Sinn christlicher Hoffnung. Es ist nicht einfach blauäugiger Optimismus. Christliche Hoffnung steht im Gegensatz dazu fest und heiter, gewiss selbst angesichts tödlicher Krankheiten. So wahr der Karfreitag auch sein mag – wir sind gewiss, dass der Ostersonntag vor uns liegt. Und was ist, wenn wir sterben? Jesus ist auch gestorben, und wir glauben, dass er jetzt lebt und dass auch wir leben werden.

Glauben wir das wirklich? Es gibt viele Christen, die mir gegenüber geäußert haben, sie bekämen von Pfarrern heute so ziemlich alles zu hören außer der Verkündigung der Guten Nachricht vom Reich Gottes. Sie hörten etwas über Rassismus, Umweltverschmutzung, Krieg, Abtreibung, Ökologie und eine Vielzahl anderer ethischer Fragen. Keines dieser Themen verhindert die Verkündigung, aber kein einziges ist ein angemessener Ersatz dafür, zu Gottes Fest einzuladen. Zögern wir, uns auf die Rolle des Heilsboten einzulassen, weil wir nicht mehr sicher sind, ob wir an diese Rolle überhaupt glauben – weil wir eigentlich nie an sie geglaubt haben? Vielleicht glauben wir, dass so eine Rolle nicht wichtig ist, dass die Leute einen solchen Boten mit der Heilsbotschaft gar nicht ernst nehmen würden. Um wirklich ein Jünger Jesu zu sein, muss man sich auf die Botschaft des Reiches Gottes einlassen, so wie sie war, und diese auch predigen, ob die Zuhörer sie nun relevant finden oder nicht.

Das ist die Herausforderung, die im Neuen Testament liegt. Wenn wir Jesus glauben sollen, wenn seine Botschaft ernst zu nehmen ist, wenn Gott wirklich mit liebender und rettender Barmherzigkeit eingegriffen hat, dann ist die Botschaft äußerst relevant, und das Aussprechen der Einladung zum Hochzeitsfest äußerst wichtig. Das grundlegende Thema ist dabei nicht, ob diese Welt sie als wichtig erachtet, sondern ob sie wahr ist. Und das lässt sich nur durch einen Sprung ins Vertrauen feststellen. Man kann kein Jünger sein, ohne sich darauf einzulassen, und wenn es heutzutage viele zögerliche Jünger gibt, dann liegt das daran, dass sie sich nicht wirklich entschlossen einlassen und nicht wirklich verbindlich als Christen leben wollen.

Das ist es, was der zweite Ruf Jesu Christi heute bedeutet. Eine Aufforderung zu einem neuen, radikaleren Sprung in die Hoffnung, in ein verbindliches Sich-Einlassen auf die Gute Nachricht von der Hochzeitsfeier.

Wenn wir an die spannende und aufregende Botschaft Jesu glauben, wenn wir auf Rechtfertigung und Sieg hoffen, dann müssen wir lieben, und mehr noch, wir müssen das Risiko eingehen, geliebt zu werden.

Das dritte Hindernis, den neuen Ruf Jesu anzunehmen, ist eine *Krise unserer* Liebe. Der Gedanke, dass Gott Liebe ist, ist nicht neu. Ja, er war vielleicht nicht einmal exklusiv jüdisch-christlich. Andere Menschen zu anderen Zeiten in anderen Teilen der Welt haben gedacht oder gehofft oder sich gewünscht, dass die Götter sie wirklich liebten. Aber Jesus fügt einen Ton der Gewissheit hinzu. Er sagt nicht, dass Gott vielleicht die Liebe ist oder dass es nett wäre, wenn Gott die Liebe wäre. Er sagt: *Gott ist Liebe – Punkt.* Die Botschaft Jesu bedeutet sogar noch mehr. Jesus bestand darauf, dass sein Vater verrückt vor Liebe sei, dass Gott ein »spinniger« Gott sei, der es kaum aushalten könne ohne uns.

Das Gleichnis vom verlorenen Sohn, das Gleichnis vom liebenden Vater, veranschaulicht dies drastisch. Die Betonung liegt nicht auf der Schlechtigkeit des Sohnes, sondern auf der Großzügigkeit des Vaters. Wir sollten dieses Gleichnis in regelmäßigen Abständen immer wieder lesen, nur um die zarten Nuancen der Geschichte mitzubekommen, als sich Vater und Sohn nach langer Zeit wiedersehen. Der Sohn hat sorgfältig eingeübt, was er zu seinem Vater sagen will. Es ist eine radikale Feststellung seines Bedauerns. Aber der alte Mann lässt ihn gar nicht ausreden. Der Sohn ist kaum aufgetaucht, als ihm plötzlich ein schönes neues Gewand übergeworfen wird. Er hört Musik, das gemästete Kalb wird geschlachtet, und er hat überhaupt keine Gelegenheit, zu seinem Vater zu sagen: »Tut mir Leid.«

Gott wünscht sich viel mehr, dass wir zurückkommen, als wir selbst zurückkommen wollen. Wir brauchen gar keine Einzelheiten zu erwähnen, was unseren Kummer angeht. Alles, was wir nach Aussage des Gleichnisses tun müssen, ist zurückzukommen, und bevor wir eine Chance bekommen wieder wegzulaufen, schnappt sich der Vater uns und zieht uns zum Fest, damit wir nicht wieder weglaufen können.

Wir haben schon den faszinierenden Abschnitt im 8. Kapitel des Johannesevangeliums über eine Frau erwähnt, die beim Ehebruch ertappt wird. Erinnern Sie sich daran, wie die Menge sie vor Jesus zerrt und fragt: »Was sollen wir mit ihr machen? Sie wurde beim Ehebruch ertappt. Nach dem Gesetz des Mose muss sie gesteinigt werden, aber die Römer erlauben nicht, dass Leute von uns gesteinigt werden. Was meinst du?« Jesus ignoriert die Leute und fängt an, in den Sand zu schreiben. Dann blickt er auf und sagt: »Wer von euch ohne Sünde ist, der werfe den ersten Stein.« Einer nach dem anderen gehen die Leute weg. Dann sagt Jesus zu der Frau: »Gibt es hier keinen, der dich verurteilt?« Sie antwortet: »Nicht einen, Herr.« Er sagt: »Geh und sündige nicht mehr.«

Stellen Sie sich die Situation einmal vor. Jesus fragt sie nicht, ob es ihr Leid tue. Er verlangt keine Absichtserklärung auf Wiedergutmachung. Es scheint ihm auch weiter keine Sorgen zu bereiten, dass sie möglicherweise sofort wieder in die Arme ihres Liebhabers eilen könnte. Sie steht einfach da und Jesus vergibt ihr, bevor sie überhaupt darum gebeten hat. Die Liebe Gottes zu uns ist ungeheuerlich. Warum zeigt dieser unser Gott nicht ein wenig Geschmack und Zurückhaltung im Umgang mit uns? Um es ganz plump auszudrücken: Könnte Gott es nicht einrichten, sich ein bisschen würdevoller zu zeigen?

Also wenn wir in dieser Situation wären, dann wüssten wir ganz genau, wie wir uns zu benehmen hätten – dieser verlorene Sohn würde seine ausgefeilte Rede bis zum letzten Wort abspulen müssen. Und wenn er fertig wäre, würden wir sagen: »Nun, du kannst erst mal gehen, verlorener Sohn, und ich werde ein paar Wochen darüber nachdenken und dich dann schriftlich informieren, ob ich dich auf den Hof zurückkommen lasse oder nicht.«

Ich glaube nicht, dass einer der Leser dabei mitgemacht hätte, Steine auf die arme Ehebrecherin zu werfen, aber wir hätten bestimmt dafür gesorgt, dass sie einen detaillierten Wiedergutmachungs-Plan präsentierte, denn wenn wir sie davonkommen ließen, ohne eine Entschuldigung von ihr einzufordern, wäre sie dann nicht schon vor Sonnenuntergang wieder in ehebrecherische Aktivitäten verstrickt gewesen?

Nein, die Liebe Gottes ist nicht distanziert würdevoll, und anscheinend will er es genau so haben. Er fordert nicht nur, dass wir seine unerklärliche, beschämende Liebe annehmen, sondern er erwartet, dass wir so diese Liebe an andere weitergeben. Ich nehme an, wenn es sein müsste, könnte ich mit einem Gott leben, dessen Liebe für uns beschämend ist. Aber der Gedanke, dass ich ebenso mit anderen Menschen umgehen soll, ist doch ein bisschen zu heftig.

Vielleicht ist es am einfachsten, wenn auch nicht am unkompliziertesten, bei mir selbst damit anzufangen. Der große Psychotherapeut C. G. Jung hat einmal darüber nachgedacht, dass wir mit den Worten Jesu vertraut sind: »Was du getan hast einem von diesen meinen geringsten Brüdern, das hast du mir getan«; dazu stellt Jung eine provozierende Frage: Was, wenn wir entdeckten, dass der geringste Bruder Jesu, derjenige, der unsere Liebe am meisten brauchte, dem wir am meisten helfen könnten, indem wir ihn liebten, dem unsere Liebe am meisten bedeutete – was, wenn wir entdeckten, dass dieser geringste der Brüder *wir selbst* sind?

Tun Sie also für sich selbst, was Sie auch für andere tun würden. Dann fängt möglicherweise die heilsame Selbstliebe an, zu der Jesus seine Anhänger verpflichtete: »Liebe deinen Nächsten wie dich selbst.« Und vielleicht fängt sie mit dem einfachen Eingeständnis an: Was ist die Geschichte meiner Nachfolge? Es ist die Geschichte eines treulosen Menschen, durch den Gott wirkt und sein Werk fortsetzt! Dieses Wort ist nicht nur tröstlich, es ist befreiend, besonders für diejenigen, die unter dem Druck der Überzeugung leben, dass Gott nur durch »Heilige« wirkt. Welch ein Wort der Heilung, der Vergebung und des Trostes ist es für viele Christen zu entdecken, dass sie irdene Gefäße sind, die Jesu Prophetie an Petrus erfüllen: »Wahrlich, wahrlich, ich sage dir, noch ehe der Hahn dreimal gekräht hat, wirst du mich verraten.«

Jetzt ruft der Herr mich zum zweiten Mal, bestätigt, befähigt und ermutigt mich, fordert mich heraus auf dem Weg zu Glaube, Hoffnung und Liebe in der Kraft des Heiligen Geistes. Dem unwissenden, schwachen, sündigen Menschen, der ich bin, sagt er mit einfachen Erklärungen für mein sündiges Verhalten erneut in der unmissverständlichen Sprache der Liebe: »Ich bin bei dir, ich bin für dich, ich bin in dir. Ich erwarte mehr Versagen von dir als du selbst.«

Es gibt ein Hindernis für die Liebe, das speziell erwähnt werden muss, weil es beim zweiten Ruf Jesu eine so entscheidende Rolle spielt – *die Angst.* Die meisten Menschen verbringen beträchtliche

Zeit damit, Dinge aufzuschieben, die sie tun sollten oder die sie gern tun würden – einfach aus Angst. Wir haben Angst zu versagen. Wir mögen dieses Gefühl nicht, wir scheuen davor zurück, wir meiden es wegen unseres übermäßigen Verlangens, dass andere gut über uns denken. Also denken wir uns jede Menge tolle Entschuldigungen dafür aus, dass wir nichts tun. Wir schieben Dinge vor uns her, vergeuden unsere Lebenskraft und die Liebe, die in uns ist.

Jeder zahlt einen hohen Preis für seine Angst, auf die Nase zu fallen. Diese Angst sorgt für die fortschreitende Verengung unserer Persönlichkeit und verhindert Neugier und Experimentierfreude. Und mit fortschreitendem Alter tun wir nur noch Dinge, die wir gut können.

Es gibt kein Wachstum in Christus ohne Schwierigkeiten und Missgeschicke. Wenn wir uns weiterentwickeln wollen, dann müssen wir auch weiterhin das Risiko eingehen zu versagen. Als Max Planck für die Begründung der Quantentheorie der Nobelpreis verliehen wurde, sagte er: Wenn er auf die langen und verschlungenen Wege zurückblicke, die letztlich zu dieser Entdeckung geführt hatten, dann erinnere ihn das lebhaft an Goethes Aussage: »Es irrt der Mensch, solang er strebt.«

Doch obwohl das Christentum vom Kreuz, von der Erlösung und von der Sünde spricht, sind wir oft nicht bereit, Versagen in unserem Leben einzugestehen. Warum nicht? Zum Teil liegt das daran, dass die Menschen einen Abwehrmechanismus gegen die eigenen Unzulänglichkeiten haben. Aber noch mehr liegt es am Erfolgsimage, das unsere Kultur von uns fordert. Wir haben ein perfektes Bild von uns selbst, dem wir entsprechen zu müssen meinen. Aber dieses Bild lügt.

Erstens stimmt es einfach nicht – wir sind nicht immer glücklich und optimistisch und haben nicht immer alles im Griff.

Zweitens hindert uns das makellose Bild daran, Menschen nahe zu kommen, die Verständnis nötig haben.

Und drittens – selbst wenn wir ein Leben ohne Konflikte, Leid oder Fehler führen könnten, es wäre ein seichtes Leben. Ein Christ mit Tiefgang ist jemand, der weiß, dass er versagt hat, und gelernt hat, mit dieser Tatsache zu leben.

Zaudern ist vielleicht das schädlichste Versagen von allen. Wir glauben an Jesus, hoffen auf die Rechtfertigung und verkünden die Liebe des himmlischen Vaters, aber wir vergeuden unsere Zeit damit, dass wir versuchen, den wichtigsten Dingen aus dem Weg zu gehen. Wie viel Glaube, Hoffnung und Liebe hat der ewige Zauderer wirklich?

Wenn man auf seinem Lebensweg irgendeine Form der Selbsterkenntnis entwickelt, dann weiß man genau, wie man der Verantwortung für Glaube, Hoffnung und Liebe durch Jesus ausweichen kann. Wenn Sie ehrlich sind, dann wissen Sie, dass Sie niemandem die Schuld zuschieben können. Sie wissen, wenn der Zeitpunkt gekommen ist, an dem Sie für Ihr Leben Rechenschaft ablegen müssen, dann werden Sie nicht für das gelobt oder getadelt, was der Papst getan hat, und ebenso wenig für das, was der Pastor getan hat (es sei denn, Sie selbst sind der Pastor). Wir alle werden getadelt oder gelobt, weil wir der Einladung gefolgt sind, die Gute Nachricht zu glauben oder nicht.

Letztlich ist die größte Herausforderung in der Entwicklung eines Christen die der persönlichen Verantwortung. Der Geist Jesu ruft ein zweites Mal: Bist du bereit, heute Verantwortung für dein Leben zu übernehmen? Übernimmst du Verantwortung für das, was du tust? Bist du bereit zu glauben?

Vielleicht befinden wir uns alle in der Lage des Mannes, der an den Rand eines Abgrunds kam. Als er so dastand und überlegte, was er als Nächstes tun sollte, staunte er nicht schlecht, als er entdeckte, dass ein Seil über den Abgrund gespannt war. Und langsam und mit großer Sicherheit kam auf dem Seil ein Akrobat anbalanciert, der einen Karren vor sich herschob, in dem ein weiterer Akrobat saß. Als die beiden schließlich festen Boden unter den Füßen hatten, lächelte der Akrobat, der den anderen geschoben hatte, über die Verwunderung des Mannes. »Glauben Sie etwa nicht, dass ich das noch einmal tun kann?«, fragte er. Und der Mann antwortete: »Aber natürlich glaube ich das.« Der Akrobat stellte seine Frage noch einmal, und als er wieder dieselbe Antwort bekam, deutete er auf den Karren und sagte: »Gut! Dann steigen Sie ein, und ich bringe Sie hinüber.« (Nach einer Geschichte von Morton Kelsey.)

Was hat der Reisende wohl getan? Beteuern wir unseren Glauben an Jesus in sicheren Worten, sogar in ausgefeilten Glaubensbekenntnissen – und weigern uns dann, in den Wagen einzusteigen? Was wir tun im Blick auf die Herrschaft Jesu, ist ein besserer Beweis für unseren Glauben als das, was wir denken. Das ist es, was die Welt sich von uns wünscht – dass wir mutig genug sind, anders zu sein, demütig genug, Fehler zu machen, leidenschaftlich genug, im Feuer der Liebe zu verbrennen, ehrlich genug, andere sehen zu lassen, wie verloren wir sind.

10. Siegreiches Humpeln

Das freudige Stimmengewirr von der Mount Zion Temple-Gemeinde schallte durch die gesamte Nachbarschaft. »Amen, Bruder! Ja, sag es! Sag es, wie es ist!« Die melodische Baritonstimme des Pastors dröhnte gen Himmel, wurde sanft wie das Blöken eines Lammes und erstarb schließlich zu einem Flüstern. Als seine Predigt zu Ende war, brachen etwa zweihundert Zuhörer in Lob, Tanz, Weinen und zügellose Freude aus. Der dreistündige Gottesdienst endete gegen zwölf Uhr mittags, und die Gemeinschaft der Gläubigen strömte heraus auf die Gasse. Sie lebten alle in der Lemmon Street, einem schwarzen Getto.

Das war in Baltimore im Jahre 1936. Der Rassismus war hier tief verwurzelt. Schwarze wurden als anders und ungleich behandelt. Sie waren geduldet, solange sie wussten, wo »ihr Platz« war, und solange sie dort auch blieben. Die Überzeugung von der Überlegenheit der Weißen galt allgemein als unumstößlich, ebenso wie die von der Minderwertigkeit von »Niggern«, wie die Schwarzen bezeichnet wurden. Wenn irgendein aufstrebender »Nigger« den Verstand verlor und sich erdreistete, nach den Sternen zu greifen, indem er im weißen Teil der Stadt einkaufte, durfte er beispielsweise die Kleidung, die er kaufen wollte, nicht anprobieren. Schließlich konnte ja nach ihm noch ein weißer Kunde kommen, der dieselbe Jacke anprobieren wollte.

Die Schwarzen lebten in verfallenen Hütten. Die Fenster im zweiten Stock boten einen großartigen Blick auf die Mülltonnen der Weißen. Die Mount Zion Temple-Gemeinde blieb weitgehend unter sich.

Der Glaube der Weißen an die Überlegenheit der weißen Rasse und die Ehre Gottes wurden bestätigt, als im Jahr 1936 Max Schmeling, die große weiße Hoffnung Nazi-Deutschlands, den schwarzen Schwergewichtsboxer Joe Louis gnadenlos elf Runden lang boxte und ihn dann mit einem K.-o.-Schlag in der zwölften Runde niederstreckte.

Doch im folgenden Jahr wurde Joe Louis Weltmeister im Schwergewicht.

Im weißen Teil der Stadt brach eine theologische Diskussion um die Frage los: Wie konnte Gott es zulassen, dass der Nigger Weltmeister wurde? Übte Gott Vergeltung an den Weißen für irgendeine Sünde, für die sie noch nicht Buße getan hatten? War es einfach der grausame Scherz eines launischen Gottes? Oder war es vielleicht so, wie Woody Allen es Jahre später formulierte: »Nicht, dass Gott grausam wäre, es ist nur so, dass er weniger bringt als erwartet.« War es möglich, dass es Gott gar nicht gab?

Eine Revanche zwischen Louis, dem »Bomber Brown« aus Detroit, und der weißen Hoffnung aus München wurde für den Sommer 1938 festgesetzt. In Baltimore waren die Erwartungen gigantisch. Ein Harmaggedon stand bevor, die Mächte der Finsternis traten gegen die Macht des Lichts an.

In seiner mit dem Pulitzerpreis ausgezeichneten Biographie schreibt Russell Baker: »Endlich war die Nacht des Kampfes der Titanen da, und ich ließ mich neben meinem Radio nieder, um beim Wendepunkt des modernen Zeitalters dabei zu sein ... Mit dem Gongschlag verließ Louis seine Ecke, musterte Schmeling wie ein Schlachter ein Stück Vieh und boxte ihn innerhalb von zwei Minuten und neun Sekunden bewusstlos. Lähmend in seiner brutalen Plötzlichkeit war dies der äußerste Abstieg für die weiße Rasse.

Aus der Lemmon Street war das gewohnte Johlen und Jubeln zu hören. Ich ging zum Küchenfenster ... Menschen strömten hinaus in die Gasse, klopften sich gegenseitig auf den Rücken und brüllten vor Begeisterung. Dann sah ich, wie jemand begann, die Allee hinauf in die Richtung der Weißenviertel zu gehen, und der Rest der Gruppe, gepackt von einem Instinkt, jetzt dem Schicksal die Stirn zu bieten, schloss sich ihm an und sie gingen gemeinsam ...

Und da waren sie nun, marschierten mitten auf der Lombard Street, als ob die Straße ihnen gehörte...

Joe Louis hatte ihnen den Mut gegeben, ihr Recht auf die Benutzung einer öffentlichen Durchgangsstraße in Anspruch zu nehmen, und es war keine einzige weiße Person dort, die es ihnen verwehrt hätte. Es war die erste Bürgerrechts-Demonstration, die ich je gesehen hatte, und sie war völlig spontan, ausgelöst durch die Endgültigkeit, mit der Joe Louis die Theorie von der Überlegenheit der Weißen zunichte gemacht hatte. Der Marsch dauerte vielleicht fünf Minuten, so lang wie es dauerte, bis der gesamte Zug die Länge des Häuserblocks zurückgelegt hatte. Dann machten sie kehrt und gingen wieder in die Gassen zurück, und ich nehme an, dass sie sich besser fühlten, als die meisten von ihnen sich seit langem gefühlt hatten.«[44]

Klingt das nach siegreichem Leben in Christus? Nein! Es war eines der vielen Gesichter siegreichen Humpelns.

Sechzig Jahre nach Louis' K.-o.-Sieg in der ersten Runde gibt es in Amerika immer noch Gegenden, in denen »black« keineswegs »beautiful« ist. Heute Abend wird einer von fünf Menschen in den Vereinigten Staaten hungrig ins Bett gehen. Weitere dreißig Millionen sind unterernährt. Viele von ihnen sind verbindlich lebende Christen. Ist das das siegreiche Leben?

Als unser Gesellschaftssystem die Schwarzen dazu verurteilte, dass sie nur hinten im Bus mitfahren durften, sie zwang, in Hütten zu lernen und in Toiletten zu arbeiten, ihnen unsere Bürgersteige verbot und unsere Kirchenbänke, als es ihnen den Zutritt zu Hotels und Restaurants und Kinos und die Benutzung von Toiletten verwehrte – war das dann das siegreiche Leben?

Die meisten Beschreibungen eines siegreichen Lebens stimmen nicht mit der Realität meines Lebens überein. Übertreibungen, aufgeblähte Rhetorik und grandiose Zeugnisse vermitteln den Eindruck: Wenn Jesus einmal als der Herr im Leben eines Menschen anerkannt ist, wird das Leben als Christ zu einem Picknick im Grünen – die Ehe erblüht in Glückseligkeit, die Gesundheit ist unverwüstlich, Akne verschwindet und beruflicher Abstieg verwandelt sich in einen Höhenflug. Eine attraktive Zwanzigjährige nimmt Jesus als ihren Herrn an und wird Miss America, ein gestrauchelter Anwalt besiegt seinen Alkoholismus und gewinnt gegen einen Staranwalt einen Prozess, ein Fußballer aus der Amateurliga darf bei den Bundesliga-Profis mittrainieren und erhält einen Profi-Vertrag. Wunder geschehen, massenhafte Bekehrungen, der Gottesdienstbesuch steigt raketenartig an, kaputte Beziehungen werden heil, schüchterne Menschen werden gesellig und St. Pauli spielt in der Champions League. Idyllische Beschreibungen des Sieges in Jesus sind oft eher von kulturellen und persönlichen Erwartungen geprägt als von Christus und dem Evangelium für geistlich Arme.

Das Neue Testament zeichnet ein anderes Bild vom siegreichen Leben ... Jesus auf Golgatha. Die biblischen Geschichten vom siegreichen Leben lesen sich eher wie ein siegreiches Humpeln. Jesus war siegreich, nicht weil er nie zurückschreckte, nie widersprach und nichts hinterfragte, sondern weil er, nachdem er zurückgeschreckt war, widersprochen und hinterfragt hatte, *treu blieb.*

Jünger sind nicht authentisch und damit siegreich, weil sie Visionen haben, Ekstase erleben, die Bibel von vorn bis hinten kennen und beherrschen oder spektakuläre Erfolge im Dienst aufzuweisen haben, sondern *weil sie treu sein können.* Durchgeschüttelt vom eigenen Versagen, geschlagen von der eigenen Aufsässigkeit und wund durch Spott und Ablehnung, mögen authentische Jünger zwar häufig gestolpert und gefallen sein, Fehler und Rückschläge erlitten haben, sie mögen in Handschellen zu den Fleischtöpfen Ägyptens gelangt und in einem fernen Land herumgeirrt sein. Aber sie sind immer wieder zu Jesus zurückgekommen.

Nachdem das Leben ihr Gesicht ein bisschen zerfurcht hat, kommen viele Nachfolger Jesu zum ersten Mal zu einem stimmigen Gefühl für sich selbst. Wenn sie bescheiden behaupten: »Ich bin immer noch ein bedürftiger Bettler, aber ich bin anders«, dann haben sie Recht. Wo die Sünde groß ist, da ist die Gnade noch größer geworden.

Die Darstellung des Petrus, des Felsens, der sich als Sandhaufen erwies, spricht jede verkrachte Existenz seit Urzeiten an. »Petrus hat seine gesamte Beziehung zu Jesus Christus auf seiner vermeintlichen Fähigkeit aufgebaut zu genügen. Das ist der Grund, weshalb es ihn so sehr traf, als er den Herrn verleugnete. Seine Stärke, Loyalität und Treue waren seine selbstgemachten Aktivposten in der Jüngerschaft. Sein Denkfehler war Folgender: Er glaubte, seine Beziehung zu Jesus sei abhängig von der Beständigkeit, in der er diese Eigenschaften produzierte; er glaubte, sie brächten ihm die Anerkennung und Bestätigung des Herrn.

Viele von uns haben dasselbe Problem. Wir meinen, unser Herr mache in der Liebe einen Tauschhandel: Er wird uns lieben, wenn wir gut, moralisch und fleißig sind. Nur dann. Aber wir haben die ganze Sache verdreht: Wir leben so, dass er uns lieben kann, statt zu leben, weil er uns schon immer geliebt hat.«[45]

Während des letzten Abendmahls wendet sich Jesus Petrus zu: »Wahrlich, ich sage dir: In dieser Nacht, ehe der Hahn kräht, wirst du mich dreimal verleugnen.« Erinnern Sie sich noch an Petrus' großspurige Prahlerei: »Und wenn ich mit dir sterben müsste, will ich dich nicht verleugnen« (Matthäus 26,35)? Strotzend vor Gewissheit verließ sich Petrus auf seine eigenen Reserven. Aber heute werden diese Worte als Loblied auf Petrus gesungen. Dass Jesus ihm später vergab und seine Berufung erneuerte, erwies sich als eine solche Stärkung, dass sein Protest heute nicht mehr als leere Prahlerei gelesen wird, sondern als eine Vorhersage der unveränderlichen Wahrheit Gottes. Denn Petrus will lieber sterben, als seinen Herrn zu verraten, und er wird sich an seine Treulosigkeit immer als an den Augenblick des Triumphes der Gnade und der alles überwindenden Liebe Gottes erinnern.

Der Geigenvirtuose Pinchas Zukerman unterrichtete eine Gruppe junger Künstler in der Meisterklasse, die aus allen Himmelsrichtungen der Welt nach Aspen zu einem Musikfestival angereist waren. Der Zuschauerraum war voller anerkannter Lehrer und Musiker; die Atmosphäre war wie elektrisiert. Jedem der begabten Künstler gab Zukerman freundlich Rat und Ermutigung, besprach ihr Spiel in allen Einzelheiten mit ihnen und nahm immer wieder seine eigene Geige zur Hand, um Feinheiten in der Technik und Interpretation zu demonstrieren.

Schließlich war ein junger Musiker an der Reihe, der wirklich großartig spielte. Als der Applaus verklang, machte Zukerman dem Künstler Komplimente, ging dann hinüber zu seiner eigenen Geige, streichelte sie, klemmte sie sich unter das Kinn, machte eine lange Pause, und dann, ohne eine Note zu spielen oder ein Wort zu sagen, legte er die Geige zurück in ihren Kasten. Noch einmal brach Applaus aus, und diesmal war er ohrenbetäubend, in Anerkennung eines Meisters, der auf so anmutige Weise ein Kompliment machen konnte.[46] So ehrte dieser Meister seinen Schüler, dem er doch weit überlegen war.

Welche Zukunft hätte Petrus wohl nach seiner dreifachen Verleugnung erwartet, wenn er auf meine Geduld, mein Verständnis und mein Mitgefühl angewiesen gewesen wäre? Statt eines Achselzuckens, eines verächtlichen Schnaubens, einer Ohrfeige oder eines Fluchs reagierte Jesus mit dem gnädigsten Kompliment, das man sich vorstellen kann. Er vertraute Petrus die Gemeinde an.

Der Verrat des Petrus an seinem Herrn war wie so viele unserer eigenen moralischen Fehlleistungen und Weigerungen, die Gnade anzunehmen, kein tödliches Versagen, sondern eine Gelegenheit für eine schmerzliche persönliche Entwicklung in der Treue. Es ist durchaus möglich, dass Petrus später Gott für die Magd pries, die ihn zu einem elenden Feigling machte. In diesem Zusammenhang ist es nicht verwunderlich, dass Augustinus die Worte des Paulus so umformulert: »Dass für diejenigen, die Gott lieben, alles zum Besten dient, sogar die Sünde.«

An irgendeinem Punkt in unserem Leben werden wir tief angerührt von einer grundlegenden Begegnung mit Jesus Christus. Es ist eine Berggipfel-Erfahrung, ein Moment unglaublichen Trostes. Wir werden mitgerissen in Frieden, Freude, Gewissheit, Liebe. Kurz: Wir werden überwunden. Unser Denken und unser Herz klingen nach in Ehrfurcht und Staunen. Ein paar Stunden, Tage oder Wochen lang sind wir tief bewegt, schließlich kehren wir zu unseren Alltagsabläufen zurück.

Langsam lassen wir uns immer mehr durch die Anforderungen unseres Berufes und durch die Ablenkungen, die eine geschäftige Welt zu bieten hat, mit Beschlag belegen. Wir beginnen Jesus wie einen alten Freund zu behandeln, den wir einmal sehr gern hatten, zu dem wir aber in den letzten Jahren nach und nach den Kontakt verloren haben. Natürlich ganz ohne es zu wollen. Wir haben es einfach zugelassen, dass die Umstände uns auseinander driften ließen. Als wir dann kürzlich einmal in seiner Nähe waren, ist es uns gar nicht in den Sinn gekommen, uns mit ihm in Verbindung zu setzen. Wir waren so sehr mit anderen Dingen beschäftigt, obwohl sie längst nicht so belebend und faszinierend waren. Es kann sein, dass wir nie wieder jemanden so sehr lieben werden wie ihn, aber sogar die Erinnerung daran ist verblasst.

Verstärkt durch den Agnostizismus der Unaufmerksamkeit – den Mangel an Selbstdisziplin im Denken, die Medienüberflutung, hohle Konversation, den Mangel an persönlichem Gebet und die Unterwerfung der Sinne – rückt die Gegenwart Jesu immer mehr in die Ferne. Genauso wie es Vertrauen und Gemeinschaft in einer menschlichen Beziehung zerstört, wenn man unaufmerksam wird, so zerstört es das Gewebe einer Beziehung zu Gott, wenn man dem Heiligen gegenüber unaufmerksam ist. Dornen und Disteln überwuchern den Weg, der nicht genutzt wird. Ein unreifes Herz wird zu einem verwüsteten Weinberg. Wenn wir regelmäßig Gott aus unserem Bewusstsein ausschließen, indem wir in die andere Richtung schauen, kühlt unser Herz ab. »Christliche Agnostiker« leugnen nicht einen persönlichen Gott; sie zeigen ihren Unglauben, indem sie das Heilige ignorieren. Die Schäbigkeit unseres Lebens ist ein stummes Zeugnis für die schäbige Ausstattung unserer Seele.

Und so werden unsere Tage immer trivialer. »Wir sind gefangen in einem hektischen Irrgarten. Wir stehen auf, wenn es die Uhr bestimmt. Bombardiert mit Nachrichtenmeldungen, die meilenweit entfernt und jenseits unseres Fassungsvermögens scheinen. Genervt von all den mechanischen Abläufen, die uns in Aktivität versetzen. Geprüft durch den Verkehr, gezwungen, Zeit und Abstand auf die Sekunde genau zu berechnen. Aufzüge, Telefone und Computer leiten uns durch die notwendige Kommunikation und sorgen dafür, dass zwischenmenschliche Beziehungen oberflächlich und auf ein Minimum begrenzt bleiben. Unsere Konzentration wird durch Sitzungen und kleinere Krisen unterbrochen. Am Ende des Tages spulen wir uns wieder um. Verkehr, Automation, Schlagzeilen, bis wir den Wecker stellen, damit er diktiert, wann wir am nächsten Morgen aufstehen. Abläufe des Tickens und des Timings. Wenig Raum, auf die Ereignisse des Tages menschlich zu reagieren; keine Zeit, zu Gottes Weisheit, Frische und der Verheißung seiner Möglichkeiten und Chancen zu finden. Wir haben das Gefühl, dass unser Leben uns einkesselt, einsperrt und konform macht.«[47]

Wir lassen uns nieder und geben uns mit einem Leben behaglicher Frömmigkeit und wohlgenährter Tugend zufrieden. Wir werden träge und führen ein praktisches Leben. Unsere zögerlichen Versuche zu beten sind erfüllt von gestelzten Phrasen, die an einen passiven Gott gerichtet sind. Sogar die Zeiten der Anbetung werden trivial.

Das ist das siegreiche Humpeln, wie ich es auch von mir persönlich kenne. Auf anderen Abschnitten der Reise habe ich versucht, die Leere, die häufig mit der Abwesenheit Gottes einhergeht, mit einer Vielzahl von Ersatzbefriedigungen zu füllen wie Schreiben, Predigen, Reisen, Fernsehen, Kino, Eiscreme, oberflächliche Beziehungen, Sport, Musik, Tagträumen, Alkohol usw. Es besteht immer die gewaltige Versuchung herumzuschwirren, irgendwelche klitzekleinen Freundschaften zu schließen, klitzekleine Mahlzeiten zuzubereiten und Reisen ein klitzekleines Jahr nach dem anderen zu machen.

Unterwegs habe ich mich für die Sklaverei entschieden und das Verlangen nach Freiheit verloren. Ich habe meine Gefangenschaft geliebt, und ich habe mich selbst in dem Verlangen nach Dingen eingesperrt, die ich hasste. Ich habe mein Herz gegen wahre Liebe verhärtet. Ich habe aufgehört zu beten und bin vor der einfachen Heiligkeit meines Lebens geflohen. An einem beliebigen Tag, als die Gnade mich überwältigte und ich wieder zum Gebet zurückkehrte, erwartete ich halbwegs, dass Jesus fragen würde: »Wer ist denn das?«

Kein Versagen meinerseits in der Treue hat sich als tödlich erwiesen. Immer wieder hat mich die radikale Gnade in der Tiefe meines Seins gepackt, mich dazu gebracht, meine Treulosigkeit einzugestehen und mich zum fünften Schritt der Anonymen Alkoholiker zurückgeführt: »Ich bekenne Gott, einem anderen Menschen und mir selbst gegenüber meine genaue, konkrete Verfehlung.«

Die Vergebung Gottes ist unverdiente Befreiung von Schuld. Paradoxerweise wird die Überführung persönlicher Sünde zur Gelegenheit für eine Begegnung mit der barmherzigen Liebe des erlösenden Gottes. »Es ist im Himmel mehr Freude über einen Sünder, der Buße tut . . .« (Lukas 15,7). In seiner Zerbrochenheit erlebt der verlorene Sohn eine innige Vertrautheit mit seinem Vater, die sein anständiger, selbstgerechter Bruder nie erfährt.

Als Jesus dem Gelähmten seine Sünden vergab, dachten manche Schriftgelehrten bei sich: »Wer kann Sünden vergeben als Gott allein?« (Markus 2,7) Wie erkenntnisreich sie in ihrer Blindheit waren! Nur Gott weiß, wie man vergibt. Unsere tolpatschigen menschlichen Versuche der Vergebung schaffen oft mehr Probleme, als sie lösen. Auf herablassende Art zermalmen und demütigen wir den Sünder mit unserer unerträglichen Großmut. Er mag zwar das Gefühl haben, dass ihm vergeben ist, aber dafür ist er vielleicht jeglicher

Bestätigung, jeglichen Trostes und jeglicher Ermutigung beraubt. Nur Gott weiß, wie man vergibt und das alles zusammenbringt. Der Vater des verlorenen Sohnes sagte im Grunde: »Ist ja gut, mein Kind, ich brauche gar nicht zu wissen, wo du warst und was du alles angestellt hast.«

Das Evangelium der Gnade verkündet: Vergebung geht der Buße voraus. Der Sünder ist angenommen, bevor er um Barmherzigkeit bittet. Sie ist ihm bereits gewährt. Er muss sie nur annehmen. Generalamnestie. Unverdiente Vergebung. »Nur Gott allein kann Vergebung zu etwas Herrlichem machen, an das man sich erinnert. Er ist so froh, uns zu vergeben. Die ihm diese Freude machen, fühlen sich nicht wie unartige, problembehaftete Blagen, sondern wie verwöhnte Kinder, verstanden, umarmt, angenehm und nützlich für ihn und unendlich viel besser, als sie gedacht hatten. ›Oh glückliche Schuld!‹, möchten sie ausrufen. Wenn wir keine Sünder wären und seine Vergebung nicht mehr bräuchten als das täglich Brot, dann hätten wir keine Möglichkeit zu erfahren, wie tief die Liebe Gottes ist.«[48]

Als der verlorene Sohn von seiner längeren Verschwendungstour mit Wein, Weib und Gesang nach Hause gehumpelt kam, waren seine Motive bestenfalls gemischt. Er sagte sich: »Wie viele Tagelöhner hat mein Vater, die Brot in Fülle haben, und ich verderbe hier im Hunger! Ich will mich aufmachen und zu meinem Vater gehen« (Lukas 15,17-18). Sein Penner-Magen schmerzte nicht vor Reue darüber, dass er seinem Vater das Herz gebrochen hatte. Er stolperte nach Hause, einfach um zu überleben. Seine Pilgerreise in ein fernes Land hatte ihn in den Bankrott getrieben. Die Tage mit Wein, Weib und Gesang waren vorüber. Seine Unabhängigkeitserklärung hatte eine unerwartete Ernte eingebracht: nicht Freiheit, Freude und neues Leben, sondern Gebundenheit, Dunkelheit und Todesnähe. Seine Gutwetter-Freunde hatten sich von ihm abgewandt, als seine Brieftasche leer war. Desillusioniert vom Leben kam der Tunichtgut im Zickzack-Kurs nach Hause, und zwar nicht aus dem brennenden Wunsch, seinen Vater zu sehen, sondern einfach um zu überleben.

Der Vers, der mich in dieser Geschichte am meisten berührt, ist dieser: »Als er aber noch weit entfernt war, sah ihn sein Vater, und es jammerte ihn; er lief und fiel ihm um den Hals und küsste ihn« (Lukas 15,20). Es berührt mich, dass der Vater seinen Sohn keinem Kreuzverhör unterzieht, ihn herumschubst, ihm einen Vortrag über Undankbarkeit hält oder auf irgendeiner hohen Motivation besteht. Er ist so überglücklich beim Anblick seines Sohnes, dass er alle Regeln der Besonnenheit und elterlichen Zurückhaltung ablegt und ihn einfach zu Hause willkommen heißt. Der Vater nimmt seinen Sohn zurück, so wie er ist.

Was für ein Wort der Ermutigung, des Trostes! Wir brauchen nicht unser Herz zu untersuchen und unsere Absichten zu sezieren, bevor wir nach Hause zurückkehren. Unser Vater möchte nur, dass wir uns ihm zeigen. Wir brauchen nicht bei der Taverne zu zaudern, bis sich die Reinheit des Herzens einstellt. Wir brauchen nicht zernagt von Kummer und völlig zerknirscht vor Reue zu sein. Wir brauchen nicht vollkommen, ja nicht einmal gut zu sein, bevor Gott uns annimmt. Wir brauchen nicht in Schuldgefühlen, Beschämung, Reue und Selbstverdammung zu schwelgen. Selbst dann, wenn wir immer noch insgeheim nostalgische Gefühle haben, wenn wir an das ferne Land zurückdenken, fällt uns der Vater um den Hals und küsst uns.

Selbst wenn wir nur zurückkommen, weil wir es allein nicht geschafft haben, wird Gott uns begrüßen. Er wird keine Erklärung für unser plötzliches, unverhofftes Erscheinen verlangen. Er ist froh, dass wir da sind, und möchte uns alles geben, was wir uns wünschen.

Henri Nouwen schreibt: »Vor meinem inneren Auge sehe ich Rembrandts Gemälde *Die Rückkehr des Verlorenen Sohnes*. Der schwachsichtige Vater hält seinen zurückgekehrten Sohn in vorbehaltloser Liebe an seine Brust gedrückt. Seine beiden Hände, die eine grob und männlich, die andere frauenhaft zart, ruhen auf den Schultern des Sohnes. Er schaut seinen Sohn nicht an, sondern er fühlt seinen jungen erschöpften Leib und lässt ihn in seinen Armen ausruhen. Sein weiter roter Umhang gleicht den Flügeln einer Vogelmutter, die ihr zartes Küken schützen will. Er scheint nur eins zu sagen: ›Jetzt ist er wieder da, und ich freue mich, ihn wieder bei mir zu haben.‹

Warum also noch zögern? Gott steht da mit offenen Armen und wartet darauf, mich an sich zu drücken. Er wird mir keine Fragen über meine Vergangenheit stellen. Sein Wunsch ist nur, mich wiederzuhaben.«[49]

Das Gleichnis vom verlorenen Sohn ist eines der vielen Bilder der Treue Gottes – und eine erdverbundene und ehrliche Darstellung vom siegreichen Humpeln.

Das gilt auch für den preisgekrönten Film *Ein Mann zu jeder Jahreszeit* aus dem Jahre 1966. Es ist die packende Geschichte der unbedingten Treue eines Mannes zu sich selbst und zu Christus. Sir Thomas Morus, im 16. Jahrhundert unter König Heinrich VIII. der Lordkanzler von England, ist im Tower von London inhaftiert, weil er sich weigert, der Krone absoluten Gehorsam zu geloben. Er wird von seiner Tochter Meg besucht. Sie bittet ihn, doch seine Meinung zu ändern und dadurch sein Leben zu retten. Thomas Morus erklärt, dass er seinem Gewissen untreu werden und Jesus verraten würde, wenn er König Heinrich VIII. den Treueeid schwören würde.

Sie argumentiert, dass es doch nicht seine Schuld sei, dass der Staat zu drei Vierteln schlecht sei, und dass er sich selbst zum Helden mache, wenn er beschließe, dafür zu leiden. Ihr Vater antwortet: »Meg, wenn wir in einem Staat leben würden, in dem Tugend sich lohnte, gesunder Menschenverstand uns gut und Habgier uns zu Heiligen machen würde, dann würden wir als Tiere oder Engel in dem glücklichen Land leben, das keine Helden braucht. Aber weil wir in Wirklichkeit sehen, dass Habgier, Neid, Stolz, Faulheit, Wollust und Dummheit normalerweise weit mehr einbringen als Demut, Keuschheit, Aufrichtigkeit, Gerechtigkeit und Nachdenken, und weil wir uns dazu entschließen müssen, überhaupt menschlich zu sein, nun, deshalb müssen wir vielleicht auch ein bisschen standhaft bleiben, selbst auf die Gefahr hin, dass wir dann Helden sind.«

Im Jahre 1535 bestieg Thomas Morus das Schafott, heiter, in der königlichen Freiheit eines Christen. Er bat kurz um die Barmherzigkeit Gottes, umarmte den Scharfrichter – der ihn um Vergebung bat –, bekannte seinen christlichen Glauben und rief alle Anwesenden auf, für den König zu beten. Dann sagte er, er sterbe »als guter Diener des Königs, aber zuerst als Diener Gottes«. Seine letzten Worte waren ein Witz über seinen Bart, den er so auf dem Richtblock zurechtlegte, dass er nicht abgeschnitten wurde, denn sein Bart hätte ja schließlich keinen Hochverrat begangen.

Thomas Morus, ein Mann aus der Welt, Staatsmann und Humanist, war *treu* – trotz Familie, Besitz und den Verpflichtungen seines Amtes. Nicht weil er ohne Fehler und Sünden war; er hatte sie wie alle Menschen und bekannte sie. Aber mit all seiner Schwäche und seinen Fehlern traf er die radikale Entscheidung, sich selbst und seinem Christus in der höchsten Prüfung, dem Märtyrertod, treu zu bleiben.

Im Jahre 1929 sagte G. K. Chesterton voraus: »Sir Thomas Morus ist zurzeit wichtiger denn je, vielleicht sogar wichtiger als in dem großen Augenblick seines Sterbens; aber er ist noch nicht so wichtig, wie er in hundert Jahren sein wird.«[50] Sein Leben machte eine zeitlos gültige Aussage – es ist möglich, in dieser Welt nüchtern, ehrlich, unfanatisch, ernsthaft und doch freudig zu leben: gläubig trotz aller eigener Sündhaftigkeit. Welche Botschaft vermittelt nun das Leben dieses Mannes? Treffen Sie eine radikale Entscheidung für den Glauben und halten Sie sie im täglichen Leben für den Herrn Jesus Christus und sein Reich aufrecht.

Die mündigen Christen, denen ich in meinem Leben begegnet bin, sind diejenigen, die versagt und dann gelernt haben, würdevoll mit ihrem Versagen zu leben. Treue erfordert den Mut, alles für Jesus zu riskieren, die Bereitschaft sich weiterzuentwickeln und die Bereitschaft, im Laufe unseres Lebens auch das Risiko des Versagens einzugehen. Was bedeutet das alles nun konkret?

Alles für Jesus riskieren: Das Evangelium für geistlich Arme sagt: Wir können nicht verlieren, weil wir nichts zu verlieren haben. Wir stehen mit all unseren Sünden, Narben und Unsicherheiten vor ihm. Wir werden durch sein Wort geprägt und ausgefüllt. Wir erkennen an, dass Abtreibung und Atomwaffen zwei Seiten derselben heißen, in der Hölle geprägten Medaille sind. Wir stehen aufrecht neben dem Friedefürst und weigern uns, uns vor dem Altar der nationalen Sicherheit zu verneigen. Wir sind lebensfördernde Leute Gottes und nicht solche, die mit dem Tod Geschäfte machen. Wir leben unter dem Zeichen des Kreuzes und nicht dem der Bombe.

Die Bereitschaft, uns weiterzuentwickeln: Treulosigkeit ist die Weigerung, sich dahin zu entwickeln, wie Gott uns haben will, eine Ablehnung der Gnade (Gnade, die nicht aktiv wird, ist eine Illusion), und die Weigerung, man selbst zu sein. Vor langer Zeit las ich ein Gebet des verstorbenen Generals Douglas MacArthur: »Die Jugend ist nicht ein Zeitabschnitt. Sie ist eine Gesinnung, ein Resultat des Willens, eine Eigenschaft der Fantasie, ein Sieg des Mutes über die Schüchternheit, des Geschmacks von Abenteuer über die Liebe zur Bequemlichkeit. Ein Mensch wird alt, wenn er seine Ideale verlässt. Die Jahre mögen Falten auf seiner Haut hinterlassen, aber sein Ideal zu verlassen führt zu Falten in seiner Seele. Zerstreuung, Ängste, Zweifel und Verzweiflung sind die Feinde, die uns langsam in Richtung Erde niederdrücken und uns schon vor unserem Tod wieder zu Staub werden lassen. Man bleibt jung, so lange man offen ist für das, was schön, gut und groß ist; wenn man empfänglich ist für das, was andere Menschen zu sagen haben, für die Natur und für Gott. Wenn Sie eines Tages bitter werden sollten, pessimistisch und zermürbt von Verzweiflung, möge Gott Ihrer greisen Seele gnädig sein.«

Die Bereitschaft zu dem Risiko, zu versagen: Manche Menschen werden verfolgt von ihrem Versagen, dass sie in ihrem Leben nicht das getan haben, was sie sich einmal vorgenommen hatten. Die Kluft zwischen unserem idealen und unserem realen Ich, dem düsteren Gespenst vergangener Treulosigkeit, das Bewusstsein, dass ich nicht lebe, was ich glaube, der unablässige Konformitätsdruck und die Sehnsucht nach der verlorenen Unschuld verstärken ein nagendes Gefühl von existenzieller Schuld: Ich habe versagt. Das ist das Kreuz, das wir nie erwartet haben, und es ist das eine, das zu tragen uns am schwersten fällt.

Eines Morgens hörte ich im Gebet folgendes Wort: »Kleiner Bruder, ich war Zeuge eines Petrus, der behauptete, er würde mich nicht kennen, eines Jakobus, der Macht wollte als Gegenleistung für seinen Dienst im Reich Gottes, eines Philippus, dem es nicht gelang, in mir den Vater zu sehen, und von x Jüngern, die davon überzeugt waren, dass ich auf Golgatha endgültig erledigt war. Das Neue Testament enthält viele Beispiele von Männern und Frauen, die gut angefangen haben und dann unterwegs ins Schleudern kamen.

Aber in der Osternacht bin ich Petrus erschienen. An Jakobus, den Bruder des Johannes, erinnert man sich nicht wegen seines Ehrgeizes, sondern weil er sein Leben für mich geopfert hat. Philippus sah den Vater in mir, als ich den Weg zeigte, und die verzweifelten Jünger hatten genug Mut, mich zu erkennen, als wir am Ende der Straße nach Emmaus das Brot brachen. Kleiner Bruder, ich erwarte von dir mehr Versagen als du von dir selbst.«

Der bedürftige, armselige Mensch, der sein Leben als eine Entdeckungsreise betrachtet und das Risiko eingeht zu versagen, hat ein besseres Empfinden für Treue als ein schüchterner Mensch, der sich hinter dem Gesetz versteckt und nie herausfindet, wer er eigentlich ist. Winston Churchill hat das sehr gut ausgedrückt: »Erfolg ist nie endgültig; Versagen ist nie tödlich. Es ist der Mut, der zählt.«

Eines Abends betete ein Freund meiner Frau über den Abschnitt im Johannesevangelium »Am Anfang war das Wort, und das Wort war bei Gott, und Gott war das Wort . . . Und das Wort ward Fleisch und wohnte unter uns . . .« (Johannes 1,1+14). In der hellen Dunkelheit des Glaubens hörte er Jesus sagen: »Ja, das Wort wurde Fleisch. Ich habe beschlossen, in dein zerbrochenes Leben hineinzukommen und mit dir durchs Leben zu humpeln.«

Am Jüngsten Tag, wenn wir an der Himmelstür ankommen, werden viele von uns blutig sein, zerschlagen, verletzt und humpeln. Aber durch Gott und Jesus Christus wird ein Licht im Fenster stehen und ein »Willkommen daheim«-Schild an der Tür hängen.

11. Ein Hauch von Verrücktheit

Als ich 1982 von Clearwater in Florida nach New Orleans umzog und meine Frau und ich unser gemeinsames Leben begannen, machte ich ein paar Hausaufgaben über den Ursprung des christlichen Glaubens in dieser Gegend. Während ich die Archive durchforstete, fiel mir eine faszinierende Information in die Hände.

Vor über hundert Jahren wurde im tiefen Süden der USA ein Ausdruck, der in unserer modernen christlichen Kultur gang und gäbe ist, nämlich »wiedergeboren sein«, selten oder nie verwendet. Stattdessen wurde der Durchbruch zu einer persönlichen Beziehung zu Jesus Christus mit den Worten »Ich wurde ergriffen von der Kraft einer großen Zuneigung« beschrieben.

Diese Worte beschreiben sowohl die Initiative Gottes als auch die Erschütterung im Herzen des Menschen, der Jesus statt mit langem Bart und einem faltenreichen, romantischen Gewand wie auf einem Heiligenbildchen nun als realen, lebendigen und persönlichen Herrn seines Lebens erfährt. Ergriffen von der Kraft einer großen Zuneigung – das war die Beschreibung des inneren Geschehens von Pfingsten, die Beschreibung einer echten Bekehrung und der Ausgießung des Geistes.

Im März 1986 war ich einen Nachmittag lang Gast in einer Amischen-Familie in Lancaster in Pennsylvania. Schon lange habe ich eine tiefe Achtung und Bewunderung für die Gemeinschaft der Amische. Wir haben alle einen Traum, eine Vision von einem Leben, das mit unseren Überzeugungen übereinstimmt; eine Vision, die unsere Einzigartigkeit verkörpert und ausdrückt, was uns das Wichtigste im Leben ist. Ob altruistisch oder unehrenhaft – der Traum bestimmt unser Leben, nimmt Einfluss auf unsere Entscheidungen, unser Handeln und unser Reden. Jeden Tag treffen wir Entscheidungen, die entweder mit unserer Vision übereinstimmen oder ihr widersprechen. Ein integres Leben entsteht aus der Treue zu diesem Traum. Als Gemeinschaft haben die Amische um einen hohen persönlichen Preis einen Lebensstil ausgebildet, der ihrem Traum Gestalt gibt.

Jonas Zook ist zweiundachtzig Jahre alt und Witwer. Er und seine Kinder mästen Ferkel, um ihren Lebensunterhalt zu verdienen. Die älteste Tochter versorgt den Haushalt. Die drei jüngeren Kinder sind alle schwer geistig behindert.

Als ich an diesem Mittag mit zwei Freunden ankam, kam eines von ihnen, Elam – etwa 1,30 Meter groß und gedrungen, mit Vollbart und in seiner schwarzen Amisch-Kleidung mit dem runden Hut – aus der Scheune, die etwa fünfzig Meter entfernt war. Er hatte eine Mistgabel in der Hand. Er hatte mich noch nie in seinem Leben gesehen, doch als er beobachtete, wie ich aus dem Auto stieg, ließ der kleine mongoloide Kerl seine Mistgabel fallen und rannte wie der Blitz auf mich zu. Aus etwa einem halben Meter Entfernung sprang er auf mich zu, schlang mir die Arme um den Hals, die Beine um die Taille und küsste mich mit heftiger Intensität etwa eine halbe Minute lang auf den Mund.

Zunächst war ich einfach nur verblüfft und peinlich berührt. Aber im Nu machte Jesus mich frei von Anstandsformen. Ich erwiderte Elams Kuss mit derselben Begeisterung. Dann sprang er herunter, packte mich mit beiden Händen am Unterarm und unternahm mit mir eine Führung durch die Farm.

Eine halbe Stunde später saß er beim Mittagessen neben mir. Mitten in der Mahlzeit wandte ich mich um, um etwas zu sagen, wobei mein Ellenbogen versehentlich gegen seinen Brustkorb stieß. Er jammerte nicht und stöhnte nicht, sondern weinte wie ein zweijähriges Kind. Und was er als Nächstes tat, haute mich völlig um. Elam kam zu meinem Stuhl, setzte sich auf meinen Schoß und küsste mich noch heftiger auf den Mund. Dann küsste er meine Augen, die Nase, die Stirn und die Wangen.

Und da saß Brennan nun, wie betäubt, sprachlos, weinend und plötzlich *ergriffen von der Macht einer großen Zuneigung*. In seiner äußersten Einfachheit war der kleine Elam Zook ein Bild für Jesus Christus. Warum? Weil in diesem Augenblick seine Liebe zu mir nicht auf irgendeiner Anziehung oder Liebenswertheit meinerseits beruhte. Sie war nicht hervorgerufen durch irgendeine Reaktion von mir. Elam liebte mich, ob ich freundlich oder unfreundlich, angenehm oder schlechter Laune war. Seine Liebe kam aus einer Quelle, die außerhalb von uns lag.

Ich habe gelesen, dass geistig behinderte Kinder bei den Irokesen besonders geehrt und wie Götter behandelt werden. In ihrer Unbefangenheit sind solche Kinder ein Fenster zu Gott – ins Herz Jesu Christi, der uns liebt, wie wir sind, und nicht, wie wir sein sollten, im Zustand der Gnade oder Ungnade, jenseits aller Vorsicht, aller Grenzen, allen Bedauerns oder Zerbruchs.

Es braucht schon einiges an Verrücktheit zu glauben, dass Gottes Liebe unerschütterlich bleibt, selbst wenn unsere Entscheidungen verletzend sind oder etwas kaputtmachen. Auch wenn wir uns isolieren und uns abwehrend verschanzen, ist Gott uns gegenüber immer offen und verletzlich. Während das Meer leidender Menschen anschwillt, kommen wir unter starken Druck, doch gefälligst Beweise zu erbringen, dass der gekreuzigte und auferstandene Christus über alle Mächte und Gewalten gesiegt und sie wie ein altes Kleidungsstück ausrangiert hat.

Wie können wir heute an ihn glauben? Das Elend der amerikanischen Ureinwohner verfolgt uns in unserer Erinnerung und weigert sich zu verschwinden. Die Indianer sind heimatlos; sie haben ihre Kultur verloren, ihr Land, ihren Stolz und ihre Hoffnung. Flüchtlinge aus Afghanistan, Haiti, Kuba und den Inseln im Südpazifik strömen an unsere Küsten und werden oft in menschenunwürdige Elendsviertel abgeschoben. Obdachlose Frauen mit ihren Plastiktüten, Penner und geistig verwirrte Menschen bevölkern die Straßen der amerikanischen Innenstädte. Kleine Landwirte werden durch die Machenschaften der Agrarindustrie weggefegt. Der Abbau von Bodenschätzen im Tagebau hat große Teile des Landes verwüstet.

Wirtschaftkriminalität und Betrug wirken sich verheerend auf die Moral der Gesellschaft aus. Aids-Opfer werden ausgegrenzt und als unerwünscht gemieden. Drogen ruinieren viele Jugendliche. Bestechliche Geistliche machen das Christentum unglaubwürdig. Antisemitismus und Rassismus sind Wunden im nationalen Bewusstsein. Nach zweitausend Jahren ist der Leib Christi schrecklich gespalten durch Lehre, Geschichte und Alltagsleben. Anstößige Geschichten über Auseinandersetzungen unter den Christen würzen Zeitschriftenseiten. Die Gemeinde als Leib der Wahrheit blutet aus tausend Wunden.

Da ist es kein Wunder, dass viele Christen heute bedrängt, durchgeschüttelt und ausgebrannt sind. Die öde Landschaft des »globalen Dorfes« hat Entmutigung, Desillusionierung und funktionalen Atheismus hervorgebracht. »Funktionaler Atheismus« bezeichnet die Überzeugung, dass nichts geschieht, solange wir nicht dafür sorgen, dass es geschieht. Während wir als Christen Lippenbekenntnisse für Gott ablegen, signalisiert unser Handeln, dass Gott tot ist oder im Koma liegt. Von der Kraft der großen Zuneigung ergriffen zu sein, scheint nichts mit der realen Welt zu tun zu haben, in der wir leben. Erfordert es nicht ein gehöriges Maß an Verrücktheit, den verrückten Melodien des Evangeliums für Außenseiter und andere Bedürftige zuzuhören?

Ja, das ist wohl so! Wie der Grieche Alexis Sorbas seinem Auftraggeber sagte: »Es ist schwierig, Chef, sehr schwierig. Man braucht einen Hauch von Verrücktheit, um es zu machen; Verrücktheit, verstehen Sie? Man muss alles riskieren.« Alles zusammen genommen ist die Nachfolge eine vollkommene Verrücktheit.

Die Wahrheit des Evangeliums von Jesus Christus steht und fällt nicht mit korrupten Geistlichen, der Ausbeutung der Armen, den raffgierigen multinationalen Konzernen und dem irrationalen Fanatismus moderner Diktaturen. Das Evangelium hat es verdient, als das angenommen oder abgelehnt zu werden, was es ist: als Antwort auf die grundlegendste Frage, die ein Mensch stellen kann – ist das

Leben absurd oder hat es einen Sinn? Jesus antwortet, dass unser Leben nicht nur einen Sinn hat, sondern dass Gott direkt in menschliche Belange eingegriffen hat, um ganz deutlich zu machen, worin dieser Sinn besteht.

Was ist also letztgültige Realität? Jesus erwidert, dass das einzig Reale großzügige, vergebende, rettende Liebe ist.

Wird am Ende das Leben über den Tod triumphieren? Mit unerschütterlicher Gewissheit antwortet Jesus: Das Reich meines Vaters kann nicht überwunden werden, nicht einmal durch den Tod. Am Ende wird alles gut sein, nichts kann dir dauerhaft Schaden zufügen; kein Verlust ist bleibend, keine Niederlage mehr als vorübergehend, keine Enttäuschung ist letztgültig. Leid, Scheitern, Einsamkeit, Kummer, Mutlosigkeit und Tod werden Teil deiner Reise sein, aber das Reich Gottes wird all diese Schrecken überwinden. Kein Übel kann der Gnade ewig widerstehen.

Wenn Sie das Evangelium für geistlich Arme und Außenseiter ablehnen und dem Christentum den Rücken zukehren, dann tun Sie das, weil Sie die Antworten von Jesus unglaubwürdig, gotteslästerlich oder hoffnungslos finden. »Lehnen Sie, wenn Sie wollen, das Christentum aus Zynismus ab, wenden Sie sich davon ab, weil Sie glauben, dass die Realität bösartig und strafend ist; suchen Sie sich einen Gott aus, der streitsüchtig, rachsüchtig und vergesslich ist oder entschlossen, den Menschen da zu halten, wo er hingehört, wenn ein solcher Gott Ihnen besser gefällt. Wenn Sie den Gedanken nicht akzeptieren können, dass Liebe der Mittelpunkt des Universums ist, dann ist das Ihr gutes Recht. Wenn Sie nicht glauben, dass der Absolute leidenschaftlich gern unser Freund und unser Geliebter sein möchte, dann lehnen Sie doch um alles in der Welt eine solche scheinbar absurde Vorstellung ab. Wenn Sie nicht glauben, dass wir die Begeisterung, die Stärke, den Mut und die Kreativität haben, einander als Freunde zu lieben, dann werfen Sie einen solchen Gedanken so schnell wie möglich auf den Müll. Wenn Sie der Meinung sind, es sei lächerlich zu glauben, dass das Leben über den Tod triumphieren wird, dann halten Sie sich nicht lange mit dem Christentum auf, weil Sie kein Christ sein können, solange Sie das alles nicht glauben.«[51]

Im Palästina des ersten Jahrhunderts drückten sich viele im Volk Israel um den Glauben an das Reich Gottes herum. Jesus verkündete, dass das alte Zeitalter vorbei sei und ein neues Zeitalter dämmerte; die einzige angemessene Reaktion darauf sei, sich von Freude und Staunen packen zu lassen.

Seine Zuhörer sagten nicht: »Ja, Rabbi, wir glauben dir, oder: »Nein, Rabbi, wir glauben, dass du ein Spinner bist«, sondern sie sagten: »Und was ist mit diesen Blutsaugern, den Römern?« Oder: »Wann wirst du ein apokalyptisches Zeichen tun?«, »Warum halten du und deine Jünger sich nicht an das jüdische Gesetz?«, »Auf wessen Seite steht ihr in den verschiedenen juristischen Streitpunkten?«

Jesus antwortete, die Römer seien gar nicht das Thema, ebenso wenig kosmische Wunder. Die hartnäckige Liebe Gottes sei das Thema, und angesichts dieser Offenbarung seien doch die Römer, die Wunder und die Tora – das Alte Testament – zweitrangig. Aber seine Zuhörer weigerten sich stur, dem zuzustimmen. Die Tora und Rom – das waren die relevanten Themen, die echten Knackpunkte. »Was hast du dazu zu sagen, Rabbi?«

Und noch einmal antwortete Jesus, dass er weder gekommen sei, um über das Gesetz zu diskutieren noch um das Römische Reich herauszufordern. Er sei gekommen, um die Gute Nachricht zu verkünden, dass das wirklich Reale die Liebe ist, und Menschen einzuladen, freudig auf diese Liebe zu reagieren.

Vernünftige und dickköpfige Kritiker schüttelten den Kopf. »Warum befasst er sich nicht mit den wirklich entscheidenden Fragen?«

Seit dem Tag, als Jesus zum ersten Mal in der Öffentlichkeit auftauchte, entwickeln wir gigantische theologische Systeme, organisieren weltweit Gemeinden, füllen Bibliotheken mit brillanter theologischer Wissenschaft, engagieren uns in weltbewegenden Kontroversen und beteiligen uns an Kreuzzügen, Reformen und Erneuerungen. Aber es sind immer noch nur ein paar kostbare »Verrückte«, die den wahnsinnigen Tausch »Jesus gegen alles andere« machen; nur ein Rest mit dem Vertrauen, alles für das Evangelium der Gnade zu riskieren; nur eine Minderheit, die im Freudenrausch herumtaumelt, wie der Mann, der den vergrabenen Schatz gefunden hat. Es waren schon Zynismus, Pessimismus und Verzweiflung, die den Dienst Jesu überschatteten, und so sind viele Reaktionen auch heute noch.

Selbst auf das Risiko hin, wie ein Cowboy-Prediger auf dem Lande zu klingen, will ich Ihnen ein paar sehr persönliche Fragen über Ihre Beziehung zu Jesus von Nazareth stellen: Leben Sie jeden Tag in der gesegneten Gewissheit, dass Sie durch die einzigartige Gnade unseres Herrn Jesus gerettet sind? Sind Sie fest davon überzeugt, dass die Grundstruktur der Realität nicht gute Taten sind, sondern Gnade? Sind Sie niedergeschlagen und melancholisch, weil Sie immer noch aus eigener Anstrengung, statt aus Glauben an Jesus Christus nach der Vollkommenheit streben? Sind Sie schockiert und erschrocken, wenn Sie versagen? Sind Sie sich wirklich bewusst, dass Sie sich nicht ändern, entwickeln oder gut sein müssen, um geliebt zu werden?

Sind Sie sich des Triumphes des Guten über das Böse so sicher, wie Sie sicher sind, dass Hefe den Teig aufgehen lässt? Auch wenn Sie an einem beliebigen Tag einmal deprimiert sind und auch sonst nicht viel mit Ihnen los ist, geht die allgemeine Ausrichtung Ihres Lebens in Richtung Friede und Freude? Lassen Sie sich dadurch abwerten, wie andere Menschen Sie wahrnehmen oder wie Sie sich selbst sehen und definieren? Haben Sie diesen Hauch von Verrücktheit, um Zweifel, Angst und Selbsthass zu überwinden und anzunehmen, dass Sie angenommen sind?

Wenn nicht, gehören Sie wahrscheinlich zur Bruderschaft der Bedrängten, Zerschlagenen und Ausgebrannten. Sie fühlen sich vielleicht wie ein verkohltes Holzscheit im Kamin, ohne jegliche Energie und unfähig, in sich selbst ein Feuer zu entfachen. Ihre inneren Reserven sind erschöpft.

Das Leben solcher Menschen »ist angefüllt mit den Forderungen anderer. Sie scheinen mindestens drei Leben zu führen; jeder möchte ein Stück von ihnen; sie können nicht nein sagen, ja, sie haben keine Zeit, das zu tun, wozu sie schon ja gesagt haben. Sie gelangen anscheinend nicht zur nötigen Klarheit, um Entscheidungen treffen zu könnten . . . Sie investieren viel in Beziehungen und bekommen wenig Feedback, Dankbarkeit und nicht einmal Anerkennung von anderen.«[52]

Der erste Schritt zur Verjüngung fängt damit an zu akzeptieren, wer Sie sind. Setzen Sie Ihre Armut, Ihre Zerbrechlichkeit und Leere der Liebe aus, die alles ist. Versuchen Sie nicht etwas zu fühlen, etwas zu denken oder zu tun. Bei allem guten Willen der Welt können Sie nicht machen, dass etwas geschieht. Erzwingen Sie kein Gebet. Entspannen Sie sich einfach in der Gegenwart Gottes, an den Sie schon halbwegs glauben, und bitten Sie um einen Hauch von Verrücktheit.

Der indische Dichter Tagore beschreibt das so:
»Nein, es ist nicht an uns, die Knospen zu öffnen.
Schüttle die Knospe, stoße sie an,
es bleibt außerhalb deiner Macht,
sie zum Blühen zu bringen.
Deine Berührung zerstört sie nur.
Du reißt ihre Blütenblätter in Stücke
und streust sie in den Staub,
aber keine Farbe, kein Duft kommt zum Vorschein.
Oh, es ist nicht an dir, die Knospe zur Blüte zu öffnen.
Er, der die Knospe öffnen kann, tut es ganz einfach.
Er blickt sie kurz an, und der Lebenssaft strömt
durch ihre Adern.
Auf seinen Atem hin breitet die Blume ihre Flügel aus
und flattert im Wind.

Farben leuchten auf wie Herzenssehnsucht,
der Duft verrät ein süßes Geheimnis.
Er, der die Knospe öffnen kann, tut das so einfach.«

Versuchen Sie als Nächstes folgende einfache Übung im Glauben: Schließen Sie die Augen und nehmen Sie eine Position ein, die für Sie bequem ist. Hauptsache, Ihre Wirbelsäule ist gerade. Stehen, sitzen, knien Sie oder liegen Sie mit angewinkelten Beinen auf dem Rücken. Stellen Sie sich vor, Jesus schaut Sie so an, wie er den Apostel Johannes beim Abendmahl ansah, als dieser in einer unglaublichen Geste der Intimität seinen Kopf an die Brust Jesu legte, oder wie er die Ehebrecherin ansah, als sie seine Füße mit ihren Tränen wusch und mit ihren Haaren abtrocknete. Beten Sie zehn Minuten lang immer wieder den ersten Vers von Psalm 23: »Der Herr ist mein Hirte, mir wird nichts mangeln.«

In den folgenden zehn Minuten beten Sie über folgendem Abschnitt aus Hosea, und immer wenn Sie das Wort *Israel* oder *Ephraim* sehen, ersetzen Sie es durch Ihren eigenen Namen:

»Als Israel jung war, begann ich es zu lieben. Ich war es, der Ephraim das Laufen lehrte, ich nahm ihn immer wieder auf meine Arme. Aber die Menschen in Israel haben nicht erkannt, dass alles Gute, das ihnen geschah, von mir kam. Mit Freundlichkeit und Liebe wollte ich sie gewinnen. Ich habe ihnen ihre Last leicht gemacht – wie ein Bauer, der seinem Ochsen das Joch hochhebt, damit er besser fressen kann, ja, der sich bückt, um ihn selbst zu füttern. Ach wie könnte ich dich im Stich lassen, Ephraim? Wie könnte ich dich aufgeben, Israel? Sollte ich dich vernichten wie die Städte Adma und Zebojim? Nein, es bricht mir das Herz, ich kann es nicht; ich habe Mitleid mit dir! Mein Zorn wird dich nicht wieder treffen, ich will dich nicht noch einmal vernichten, Ephraim. Denn ich bin Gott und kein Mensch. Ich bin der Heilige, der bei euch wohnt. Ich komme nicht, um euch im Zorn zu töten« (Hosea 11,1+3-4+8-9; Hoffnung für alle).

Und in den letzten fünf Minuten Ihrer Glaubensübung lesen Sie folgende drei Texte laut:

»Darum siehe, ich will sie locken und will sie in die Wüste führen und freundlich mit ihr reden. Dann will ich ihr von dorther ihre Weinberge geben und das Tal Achor zum Tor der Hoffnung machen. Und dorthin wird sie willig folgen wie zur Zeit ihrer Jugend, als sie aus Ägyptenland zog.« (Hosea 2,16-17)

»Der Herr hat mich gerufen von Mutterleibe an; er hat meines Namens gedacht, als ich noch im Schoß meiner Mutter war... Kann auch ein Weib ihres Kindleins vergessen, dass sie sich nicht erbarme über den Sohn ihres Leibes? Und ob sie seiner vergäße, so will ich doch deiner nicht vergessen. Siehe, in die Hände habe ich dich gezeichnet; deine Mauern sind immerdar vor mir.« (Jesaja 49,1+15-16)

»Was wollen wir nun hierzu sagen? Ist Gott für uns, wer kann wider uns sein? Der auch seinen eigenen Sohn nicht verschont hat, sondern hat ihn für uns alle dahingegeben – wie sollte er uns mit ihm nicht alles schenken?« (Römer 8,31-32)

Auf den vorangegangenen Seiten habe ich gestottert und gestammelt in einem zögerlichen Versuch, auf die umwerfende Wirklichkeit der heftigen Liebe Gottes hinzuweisen. Wie ein alter Bergarbeiter, der den Strom seiner Erinnerungen wäscht, habe ich auf die Bibel zurückgegriffen, um auf die Selbstoffenbarung Gottes zu hören. Auf der Suche nach einem tieferen Verstehen des Evangeliums der Gnade habe ich hunderte biblischer, theologischer und geistlicher Bücher gelesen. Ich habe mich frei der Geschichten und Bilder, der Poesie, der Metapher und der Prosaerzählung bedient, um etwas von der leidenschaftlichen Liebe unseres Gottes zu vermitteln. Wenn ich meine eigene Begrenztheit eingestehe, dann werde ich mir selbst gegenüber nicht hart, weil ich weiß, dass eine Zeit kommen wird, wo ich alles werde sagen können. Das Geheimnis ist: Gott ist immer größer. Egal, für wie groß wir ihn halten – seine Liebe ist immer größer.

Man erzählt sich, dass Thomas von Aquin gegen Ende seines Lebens plötzlich aufhörte zu schreiben. Als sein Sekretär darüber klagte, dass das Werk unvollendet sei, erwiderte Thomas: »Bruder Reginald, als ich vor ein paar Monaten betete, erlebte ich etwas von der Realität Jesu Christi. An dem Tag hab' ich jeglichen Appetit auf das Schreiben verloren. Ja, alles, was ich jemals über Christus geschrieben habe, kommt mir jetzt vor wie Stroh.«[53]

Die Liebe Gottes ist verrückt! Sie wendet sich an alle geistlich Armen, an alle Habenichtse. Meine einzige Ermahnung – lassen Sie uns zusammen gehen. Mein einziges Gebet – möge Jesus uns zur Verrücktheit des Evangeliums bekehren.

Ein Nachwort

Ein nachdenklicher Leser mag jetzt vielleicht grübeln: »Hmmm. Er hat ein paar ganz gute Punkte angesprochen, aber das Buch scheint mir doch sehr einseitig. Der Autor spricht ständig nur von dem himmlischen Vater, von Jesus, der radikalen Gnade, Mitgefühl und der heftigen Liebe Gottes, aber er sagt überhaupt nichts über Moral. Ich glaube, er zieht die ganze Sache von der falschen Seite auf.«

Die Bibel erzählt die Liebesgeschichte zwischen Gott und seinem Volk. Gott beruft, verfolgt seinen Heilsplan, vergibt und heilt. Unsere Reaktion auf seine Liebe ist bereits ein Geschenk von ihm.

Nehmen wir einmal an, Sie würden mir eine Million Dollar für meine ganz persönlichen Bedürfnisse vorschießen. Sie verlangen, dass ich nach einem Jahr anfange, den Betrag in monatlichen Raten von zehntausend Dollar zinslos zurückzuzahlen. Jeden ersten Tag im Monat setze ich mich hin und schreibe den Scheck. Doch genau dann kommt immer die Post und bringt mir Ihren Scheck über zehntausend Dollar, damit ich meine Rate bezahlen kann. Sie verfahren so, bis die volle Schuld abbezahlt ist. Ich bin irritiert und protestiere: »Aber das ist völlig einseitig.«

Gott ist verliebt in sein Volk, und er ist so versessen auf eine Antwort, dass er sogar die Gnade schenkt, dass wir antworten können. »Und er gebe euch erleuchtete Augen des Herzens, damit ihr erkennt, zu welcher Hoffnung ihr von ihm berufen seid, wie reich die Herrlichkeit seines Erbes für die Heiligen ist und wie überschwänglich groß seine Kraft an uns, die wir glauben.« (Epheser 1,18-19)

Die Liebe Gottes ist einfach unvorstellbar: » . . . dass Christus durch den Glauben in euren Herzen wohne und ihr in der Liebe eingewurzelt und gegründet seid. So könnt ihr mit allen Heiligen begreifen, welches die Breite und die Länge und die Höhe und die Tiefe ist, auch die Liebe Christi erkennen, die alle Erkenntnis übertrifft, damit ihr erfüllt werdet mit der ganzen Gottesfülle.« (Epheser 3,17-19)

Mensch, strecken Sie sich danach aus! Lassen Sie die armselige, begrenzte Wahrnehmung von Gott doch fahren. Die Liebe Christi ist jenseits jeglicher Erkenntnis, jenseits von allem, was wir mit dem Verstand erfassen oder uns vorstellen können. Sie ist kein mildes Wohlwollen, sondern ein verzehrendes Feuer. Jesus ist so unerträglich vergebend, so unendlich geduldig und so endlos liebevoll, dass er uns mit dem ausrüstet, was wir brauchen, um ein Leben in dankbarer Antwort darauf zu leben. »Dem aber, der überschwänglich tun kann über alles hinaus, was wir bitten oder verstehen, nach der Kraft, die in uns wirkt, dem sei Ehre« (Epheser 3,20). Hört sich das an wie ein einfacher Glaube?

Liebe hat ihre eigene Dringlichkeit. Sie wiegt und zählt nichts, aber erwartet alles. Vielleicht rührt daher auch unser Zögern, das Risiko einzugehen.

Wir wissen nur zu gut, dass das Evangelium der Gnade der unwiderstehliche Ruf ist, genauso zu lieben. Kein Wunder, dass viele Menschen sich lieber Regeln ausliefern als einer lebendigen Verbindung mit der Liebe.

Es gibt keine größeren Sünder als jene sogenannten Christen, die das Angesicht Gottes entstellen, das Evangelium der Gnade verstümmeln und andere durch Angst einschüchtern. Sie verderben das eigentliche Wesen des Christentums.

Die Kirche in Nordamerika ist an einem entscheidenden Kreuzweg angelangt. Das Evangelium der Gnade wird durcheinander gebracht und aufs Spiel gesetzt durch Schweigen und Verführung. Die Lebenskraft des Glaubens ist bedroht. Die Lügensprüche der Manipulatoren, die den Glauben wie ein Schwert des Gerichts vor sich hertragen, häufen sich ungestraft.

Die geistlich Armen sollen sich überall zusammentun als eine bekennende Gemeinde, um dagegen zu protestieren. Nehmt den religiösen Führungspersönlichkeiten, die Gott verfälschen, ihre Lizenzen zum Reden und Predigen wieder ab. Verurteilt sie zu drei Jahren Alleinsein mit ihrer Bibel.

Maria Magdalena ist eine Zeugin par exellence für das Evangelium für Außenseiter. Am Karfreitag sah sie mit an, wie der Mann, der ihr Leben verändert hatte, auf brutalste und entwürdigendste Weise getötet wurde. Aber sie richtete ihre Aufmerksamkeit nicht auf das Leid, sondern auf den leidenden Christus, »den Sohn Gottes, der mich geliebt hat und sich selbst für mich dahingegeben« (Galater 2,20). Die Liebe Jesu hatte Maria aus ihrem bisherigen Leben herausgeholt: Wenn es ihre Begegnung mit Christus nicht gegeben hätte, wäre sie eine namenlose Hure geblieben. Sie hatte kein Verständnis für Gott, die Gemeinde, Glauben, Gebet oder Dienst außer im Zusammenhang mit dem heiligen Mann, der sie liebte und sich selbst für sie hingab. Die einzigartige Stellung, die Maria Magdalena in der Geschichte der Nachfolge einnimmt, ist nicht nur in ihrer Liebe zu Jesus begründet, sondern in der wunderbaren Verwandlung, die seine Liebe in ihrem Leben bewirkte. Sie ließ sich einfach lieben. Durch die Liebe wurde sie aus den tiefsten Tiefen in das strahlende Licht gehoben, in dem Gott wohnt. Wo die Sünde übergroß war, da ist die Gnade umso größer geworden.

Als Jesus am Ufer des Sees Genezareth Petrus fragte: »Simon, Sohn des Johannes, hast du mich lieb?«, fügte er nichts hinzu. Was er gesagt hatte, reichte aus. Es bedeutete: Liebst du mich? Kannst du zulassen, dass meine Liebe dich in deiner Schwäche anrührt, dich befreit und dich genau dort bevollmächtigt?

Danach war die einzige Kraft, die Petrus hatte, die Liebe Jesu zu ihm. Petrus erzählte immer wieder die Geschichte seines eigenen Verrats, und er erzählte auch immer wieder, wie Jesus ihn angerührt hatte. Als er das Evangelium der Gnade verkündete, predigte er von seiner Schwäche als der Kraft Gottes und von der Liebe Jesu, die ihn angerührt hat. Das ist es, was die römische Welt bekehrte und was uns und die Leute aus unserer Umgebung bekehrt. Die bekennende Gemeinde von Außenseitern und anderen armseligen und bedürftigen Gestalten muss sich Maria Magdalena und Petrus anschließen und zu bezeugen, dass das Christentum nicht in erster

Linie ein Moralkodex ist, sondern ein gnadenvolles Geheimnis; nicht eine Philosophie der Liebe, sondern eine Liebesbeziehung; nicht das Einhalten von Regeln mit in den Taschen geballten Fäusten, sondern das Empfangen eines Geschenks mit offenen Händen.

Vor einigen Jahren schrieb Francis Schaeffer: »Wahre Spiritualität besteht darin, durch die Gnade Jesu Christi von Augenblick zu Augenblick zu leben.«

Das vorliegende Buch ist einfach ein Kommentar zu dieser Aussage Schaeffers. Es beansprucht nicht, besonders originell zu sein, sondern will lediglich erinnern – denn, wie C. S. Lewis es gern formulierte: »Menschen haben es nötiger, erinnert als unterwiesen zu werden.«

ANMERKUNGEN

1. Anthony De Mello, *Taking Flight. A Book of Story Meditations*, New York (Doubleday) 1988, S. 105
2. Zitiert bei Gerhard Ebeling, *Luther. Einführung in sein Denken*, Tübingen, 4. Auflage 1964, S. 34
3. Robert Farrar Capton, *Between Noon and Three*, San Francisco (Harper & Row) 1982, S. 114-115, zitiert nach: Donald W. McCullough, Waking from the American Dream, Downers Grove, Ill. (Inter Varsity Press) 1988
4. De Mello, S. 113-114
5. Marcus S. Borg, *Jesus. A New Vision, Spirit, Culture and the Life of Discipleship,* New York (Harper & Row) 1987, S. 35
6. Paul Tillich, *The Shaking of the Foundations,* New York (Scribner's) 1948, S. 161-162; deutsch: *Religiöse Reden. In der Tiefe ist Wahrheit – Das Neue Sein – Das Ewige im Jetzt,* Berlin (de Gruyter) Nachdruck 1988
7. Hans Küng, *Christ sein*, München 1974, S. 498
8. Walter J. Burghardt, S.J., *Grace on Crutches. Homilies for Fellow Travelers,* New York (Paulist Press) 1985, S. 108
9. Flannery O'Connor, *The Complete Stories,* New York (Farrar, Straus and Giroux) 1971, S. 491
10. Zitiert bei Gerhard Ebeling, *Luther.* S. 40
11. Peter Van Breemen, *Certain As the Dawn,* Denville, N.J. (Dimension Books) 1980, S. 61
12. Vgl. Brennan Manning, *A Stranger to Self-hatred,* Denville, N.J. (Dimension Books) 1983, S. 47
13. Albert Noland, *Jesus vor dem Christentum*, Luzern 1993, S. 39
14. Edward Schillebeeckx, *Jesus. An Experiment in Christology,* New York (Seabury Press) 1976, S. 165
15. Robert C. Frost, *Our Heavenly Father,* Plainfield, N.J. (Logos International) 1978, S. 44
16. Burghardt, S. 144
17. William Shakespeare, Macbeth, V. Aufzug, 5. Szene
18. De Mello, S. 114f
19. Eugene Kennedy, *The Choice to be Human,* New York (Doubleday) 1985, S. 128
20. Teresa von Jesus, *Der Weg der Vollkommenheit,* Leutesdorf, 3. Auflage 1988, S. 151-152
21. De Mello, S. 74
22. Sean Caulfield, *The God of Ordinary People,* Kansas City, Mo. (Sheed and Ward) 1988, S. 50
23. James N. McCutcheon, »The Righteous and the Good«, in: *Best Sermons,* San Francisco (Harper & Row) 1988, S. 238-239
24. Frederick Buechner, *The Magnificent Defeat,* San Francisco (Harper & Row) 1985, S. 47
25. Andrew M. Greely, *God in Popular Culture,* Chicago (The Thomas More Press) 1988, S. 124
26. Brennan Manning, *Prophets and Lovers,* Denville, N.J. (Dimension Books) 1976, S. 12-14

[27] Richard Selzer, M.D., *Mortal Lessons: Notes on the Art of Surgery*, New York (Simon and Schuster) 1978, S. 45f
[28] Joachim Jeremias, *Die Gleichnisse Jesu*, Göttingen, 11. Auflage 1996, S. 109f
[29] Ebenda, S. 126f
[30] John Shea, *Stories of God*, Chicago (Thomas More Press) 1978, S. 187
[31] John R. Claypool, »Learning to Forgive Ourselves«, in: *Best Sermons 1*, San Francisco (Harper & Row) 1988, S. 269
[32] Dietrich Bonhoeffer, *Gemeinsames Leben*, München 1973, S. 95
[33] C.S. Lewis, *Über den Schmerz*, München 1978, S. 71f
[34] Anthony De Mello, *The Song of the Bird*, Anand, India (Gujaret Sahitya Prakash) 1983, S. 130
[35] Kennedy, S. 8f
[36] Brennan Manning, *The Wisdom of Accepted Tenderness*, Denville, N.J. (Dimension Books) 1978, S. 55
[37] F.M. Dostojewski, *Die Brüder Karamasoff*, Bd. 1, Frankfurt a.M. 1971, S. 292 und 290
[38] Nach Brother Roger, *Parable of Community*, Minneapolis (Seabury Press) 1980, S. 4
[39] Henri J.M. Nouwen, *Lifesigns, Intimacy, Fecundity, and Ecstasy in Christian Perspective*, New York (Doubleday) 1986, S. 38
[40] Gray, S. 45
[41] M. Basil Pennington, *Centering Prayer: Renewing an Ancient Christian Prayer Form*, Garden City (Doubleday) 1980, S. 68f
[42] John L. McKenzie, *Source: What The Bible Says about the Problems of Contemporary Life*, Chicago (Thomas More Press) 1984, S. 146
[43] F.M. Dostojewski, *Die Brüder Karamasoff*, S. 302f
[44] Russell Baker, *Growing Up*, New York (Signet Books, New American Library) 1982, S. 259f
[45] Lloyd Ogilvie, *Ask Him Anything*, Waco, Tex. (Word Books) 1981
[46] Victor Rangel-Ribeiro, *Readers's Digest*, August 1989, S. 76
[47] Joan Puls, *A Spirituality of Compassion, Mystic*, Conn. (Twenty-Third Publ.) 1988, S. 119
[48] Louis Evely, *That Man Is You*, New York (Paulist Press) 1964, S. 121
[49] Henri J.M. Nouwen, *Nachts bricht der Tag an. Tagebuch eines geistlichen Lebens*, Freiburg 1989, S. 90
[50] G.K. Chesterton, *The Fame of Blessed Thomas More*, New York (Sheed and Ward) 1929, S. 63
[51] Andrew Greeley, *What a Modern Catholic Believes About God*, Chicago (Thomas More Press) 1971, S. 91-92
[52] Louis M. Savary/Patricia H. Berne, *Prayerways*, San Francisco (Harper & Row) 1980, S. 7
[53] Nach De Mello, *The Song of the Bird*, S. 39

AUFATMEN

*Zur Ruhe kommen in der Gegenwart Gottes.
Neue Leidenschaft für meinen Glauben entdecken.*

... erscheint viermal jährlich mit 104 farbigen Seiten in wertvoller Aufmachung. Abos (€ 17,60 pro Jahr, zzgl. Versandkosten) sind erhältlich in ihrer Buchhandlung oder bei:

Aufatmen Leserservice · Postfach 4065 · D-58426 Witten
fon (0 180) 1 999 000 (deutschlandweit zum Ortstarif)
fax (0 23 02) 9 30 93-689 · info@aufatmen.de · www.bvZeitschriften.de